100 PİRİNÇ KASESİNDE DÜNYADA

Dünyanın Her Köşesinden İlham Veren Tariflerle Her Seferinde 1 Kase Dünya Çeşitliliğini Tadın

Alperen Kurt

Telif Hakkı Malzemesi ©2024

Her hakkı saklıdır
Bu kitabın hiçbir bölümü, incelemede kullanılan kısa alıntılar dışında, yayıncının ve telif hakkı sahibinin uygun yazılı izni olmadan, hiçbir şekilde veya yöntemle kullanılamaz veya aktarılamaz. Bu kitap tıbbi, hukuki veya diğer profesyonel tavsiyelerin yerine geçmemelidir.

İÇİNDEKİLER

İÇİNDEKİLER 3
GİRİİŞ 6
JAPON PİRİNÇ KASESİ 7
   1. Mantarlı Tempura Pirinç Kasesi 8
   2. Kabak ve Marine Salatalık Pilav Kasesi 10
   3. Dana Biftek Donburi Kasesi 12
   4. Ikura Don Kasesi 14
   5. Japon Domuz Pirzola Kasesi 16
   6. Japon Soğanlı Pirinç Kasesi 18
   7. Salatalık Sunomono 20
   8. Tofu Hiyayakko 22
   9. Japon Kahvaltısı Lapa Kasesi 24
   10. Japon Sığır Tataki Ruloları 26
   11. Krep Dorayaki 28
   12. Tamagoyaki Mücadelesi 30
   13. Tavuklu Ramen 32
   14. Japon Çırpılmış Yumurta ve Pirinç Kasesi 35
   15. Japon Tonkutsu Pirinç Kasesi 37
   16. Japon Frenk Soğanı ve Susamlı Pirinç Kasesi 39
   17. Japon Etli Pirinç Kasesi 41
   18. Japon Sashimi Kasesi 43
   19. Japon Izgara Domuz Kasesi 45
   20. Japon Soğanlı Dana Pirinç Kasesi 47
   21. Japon Karides Kasesi 49
   22. Japon Soğanı ve Dana Pilavı Bento 51
ÇİN PİRİNÇ KASESİ 53
   23. Çin Tavuklu Kızarmış Pilav 54
   24. Baharatlı Sebze Kasesi 56
   25. Çin Öğütülmüş Hindi Kasesi 58
   26. Kıymalı Pirinç Kasesi Tarifi 60
   27. Çıtır Pirinç Kasesi 62
   28. Tuzlu Yapışkan Pirinç Kasesi 64
   29. Hoisin Sığır Kasesi 66
   30. Domuz Eti ve Zencefilli Pirinç Kasesi 68
   31. Susam Soslu Vegan Poke Kasesi Tarifi 70
   32. Chili Tavuklu Pilav Kasesi 72
   33. Tofu Buda Kasesi 74
   34. Dan Pirinç Kasesi 76
   35. Kıyılmış Tavuklu Pilav Kasesi 78
   36. Limonlu Erişte Kasesi 80
   37. Sarımsaklı ve Soya Tavuklu Pilav Kasesi 82

KORE PİRİNÇ KASESİ **84**
38. Izgara Balıklı Kore Pirinç Kasesi 85
39. Korean St 1 Pot Pirinç Kasesi 87
40. Kore Sashimi Pirinç Kasesi 89
41. Kore Suşi Pirinç Kaseleri 91
42. Tavuklu Pirinç Kasesi 93
43. Kore Sığır Sosis Kasesi 95
44. Kore Karides Donburi Kasesi 97
45. Kore Karnabaharlı Pirinç Kasesi 99
46. Kore Barbekü Tavuk Kasesi 101
47. Kore Baharatlı Dana Pirinç Kasesi 103

VİETNAM PİRİNÇ KASESİ **105**
48. Banh Mi Pirinç Kasesi 106
49. Sığır Eti ve Çıtır Pilav 108
50. Tavuk ve Sirarcha Pirinç Kasesi 110
51. Limonlu Sığır Erişte Kasesi 112
52. Sırlı Tavuklu Pilav Kasesi 114
53. Sarımsaklı Karides Erişte Tarifi 116
54. Tavuklu Dumpling Erişte Kasesi 118
55. Tavuklu Pilav Kasesi 120
56. Baharatlı Dana Pirinç Kasesi 122
57. Karamelize Tavuk Kasesi 124

HİNT PİRİNÇ KASESİ **126**
58. Tavuk Tikka Pirinç Kasesi 127
59. Körili Kahverengi Pirinç Kasesi 129
60. Peynirli Pirinç Kasesi 131
61. Hint Koyun Eti Körili Pirinç Kasesi 133
62. Hint Kremalı Köri Kasesi 135
63. Hint Limonlu Pirinç Kasesi 137
64. Hint Karnabahar Buda Kase 139
65. Hint Izgara Mercimek Kasesi 141
66. Hint Tavuklu Pirinç Kasesi 143
67. Hint Kırmızı Pirinç Kasesi 145
68. Hindistan Cevizli Etli Pirinç Kasesi 147
69. Tandır Tavuk Kasesi 149
70. Zerdeçal Paneer ve Pirinç Kasesi 151
71. Paneer Köri Kasesi 153
72. Nohut Chaat Kase 155

TAY PİRİNÇ KASESİ **157**
73. Somon Buda Kase 158
74. Baharatlı Kahverengi Pirinç Kasesi 160
75. Fıstık Karides Kaseleri 162
76. Fesleğenli Dana Kasesi 164

77. Hindistan Cevizi Umami Kasesi 166
78. Ton Balıklı Güç Kasesi 168
79. Mango Erişte Kasesi 170
80. Fıstıklı ve Kabaklı Erişte Kasesi 172
81. Baharatlı Karides Kasesi 174
82. Pirinç Kasesi 176
83. Domuz Eti Pilav Kasesi 178
84. Tatlı Patates Buda Kasesi 180
85. Tavuk Satay Kasesi 182
86. Tavuk ve Mısır Tavada Kızartma 184

SUŞİ KASELERİ 186
87. Yapısız Kaliforniya Rulo Suşi Kasesi 187
88. Yapısız Baharatlı Ton Balıklı Suşi Kasesi 189
89. Yapısız Dragon Roll Suşi Kasesi 191
90. Yapısız Baharatlı Somon Suşi Kasesi 193
91. Yapısız Gökkuşağı Rulo Suşi Kasesi 195
92. Yapısız Karides Tempura Suşi Kasesi 197
93. Baharatlı Ton Balığı ve Turp Suşi Kasesi 199
94. Somon Füme ve Kuşkonmaz Suşi Kasesi 201
95. Yapısız Philly Roll Suşi Kasesi 203
96. Yapısız Dinamit Rulo Suşi Kasesi 205
97. Yapısız Sebzeli Rulo Suşi Kasesi 207
98. Füme Uskumru Chirashi 209
99. Oyakodo (Somon ve Somon Karaca) 211
100. Baharatlı Istakoz Suşi Kasesi 213

ÇÖZÜM 215

GİRİİŞ

Damak zevkinizi tatmin etmeyi ve yemeğin büyüsüyle sizi egzotik yerlere taşımayı vaat eden bir mutfak yolculuğu olan "100 Pirinç Kasesinde Dünya Turu"na hoş geldiniz. Dünyanın dört bir yanındaki kültürlerin severek tükettiği temel bir malzeme olan pirinç, farklı ülkelerin farklı tatlarını ve geleneklerini yansıtan bir dizi leziz yemeğin temelini oluşturuyor.

Bu kitapta, dünya mutfağının zengin dokusunu tek seferde 1 kase pilavla kutlayan leziz bir maceraya atılacaksınız. Tokyo'nun hareketli sokaklarından Marakeş'in canlı pazarlarına kadar her tarif, ilgili bölgenin benzersiz mutfak mirasından ilham alıyor ve her destinasyonu tanımlayan kültürel geleneklere ve mutfak tekniklerine kısa bir bakış sunuyor.

Asya'nın canlı lezzetlerini, Orta Doğu'nun cesur baharatlarını, Avrupa'nın rahatlatıcı klasiklerini ve Latin Amerika'nın ateşli favorilerini keşfederken eşi benzeri olmayan bir mutfak yolculuğuna çıkmaya hazırlanın. Canınız ister rahatlatıcı bir kase risotto, ister baharatlı bir Tayland körisi, ister hoş kokulu bir biryani istiyor olsun, "100 Pirinç Kasesinde Dünya Çapında" her biri için bir şeyler sunuyor1.

Yemeğin evrensel dilini kullanarak dünyayı dolaşırken, her mutfağı eşsiz kılan lezzet, malzeme ve pişirme tarzlarının çeşitliliğini kutlarken bize katılın. Takip edilmesi kolay tarifler, faydalı ipuçları ve her yemeğin özünü yansıtan çarpıcı fotoğraflarla bu kitap, mutfak macerasına pasaportunuzdur.

O halde yemek çubuklarınızı, çatalınızı veya kaşığınızı kapın ve damak zevkinizi genişletecek ve mutfak yaratıcılığınıza ilham verecek bir lezzet yolculuğuna çıkmaya hazırlanın. Evin tanıdık konforlarından, uzak diyarların egzotik tatlarına kadar, "100 Pirinç Kasesinde Dünya çapında" sizi dünya çeşitliliğini tek seferde tatmaya davet ediyor.

JAPON PİRİNÇ KASESİ

1. Mantarlı Tempura Pirinç Kasesi

İÇİNDEKİLER:

- 1 pound dondurulmuş mantar tempura
- 2 su bardağı esmer pirinç
- 1 bardak yemeklik yağ
- 1 su bardağı tempura sosu
- 2 bardak su
- Tatmak için tuz
- Tatmak için karabiber

TALİMATLAR:

1. Bir sos tavası alın.
2. Tencereye suyu ekleyin.
3. Kahverengi pirinci ekleyin ve yaklaşık on dakika kadar iyice pişirin.
4. Tavayı ısıtın.
5. Tavaya yağı ekleyin.
6. Dondurulmuş tempurayı altın rengi kahverengi olana kadar pişirin.
7. d1 olduğunda bulaşıkları boşaltın.
8. Kahverengi pirinci bir kaseye ekleyin.
9. Üzerine hazırladığınız tempura ve tempura sosunu ekleyin.
10. Yemeğiniz servise hazır.

2.Kabak ve Marine Salatalık Pilav Kasesi

İÇİNDEKİLER:

- 1 su bardağı haşlanmış kabak parçaları
- 1 doğranmış marine edilmiş salatalık
- 2 su bardağı esmer pirinç
- 1 su bardağı baharatlı mayonez sosu
- 1 bardak salatalık
- 2 yemek kaşığı turşu zencefil
- 1 yemek kaşığı pirinç sirkesi
- 1 yemek kaşığı susam
- 2 bardak su
- Tatmak için tuz
- Tatmak için karabiber
- 2 yemek kaşığı soya sosu
- 1 çay kaşığı ezilmiş sarımsak

TALİMATLAR:

1. Bir sos tavası alın.
2. Tencereye suyu ekleyin.
3. Kahverengi pirinci ekleyin ve yaklaşık on dakika kadar iyice pişirin.
4. Geri kalan malzemeleri bir kaseye ekleyin.
5. Malzemeleri iyice karıştırın.
6. Kahverengi pirinci bir kaseye ekleyin.
7. Sebzeleri üstüne ekleyin.
8. Hazırladığınız sosu üzerine gezdirin.
9. Yemeğiniz servise hazır.

3.Dana Biftek Donburi Kasesi

İÇİNDEKİLER:
- 2 çay kaşığı pirinç şarabı
- 1 çay kaşığı pudra şekeri
- 1/4 çay kaşığı mirin ezmesi
- Karabiber
- Tuz
- 1 yemek kaşığı doğranmış zencefil
- 1 yemek kaşığı hafif soya sosu
- 1/2 su bardağı ince doğranmış taze soğan
- 2 çay kaşığı susam yağı
- 4 çay kaşığı koyu soya sosu
- 2 su bardağı dana biftek parçaları
- 2 bardak pirinç
- 2 bardak su

TALİMATLAR:
1. Büyük bir tava alın.
2. Yağı bir tavada ısıtın ve dana biftek parçalarını ekleyin.
3. Çıtır çıtır ve altın rengi kahverengi olana kadar pişirin.
4. Kıyılmış zencefili tavaya ekleyin.
5. Pirinç şarabını tavaya ekleyin.
6. Karışımı yaklaşık on dakika, kavruluncaya kadar iyice pişirin.
7. Tencereye pudra şekeri, mirin ezmesi, koyu soya sosu, istiridye sosu, hafif soya sosu, karabiber ve tuzu ekleyin.
8. Malzemeleri yaklaşık on beş dakika iyice pişirin.
9. Bir sos tavası alın.
10. Suyu tavaya ekleyin.
11. Pirinci ekleyin ve yaklaşık on dakika kadar iyice pişirin.
12. Pirinci kaselere ekleyin.
13. Pişen karışımı üzerine ekleyin.
14. Yemeğiniz servise hazır.

4.Ikura Don Kasesi

İÇİNDEKİLER:
- 1 bardak edamame
- 1 doğranmış havuç
- 2 bardak pirinç
- 2 bardak dilimlenmiş avokado
- 1 bardak baharatlı sriracha sosu
- 1 bardak salatalık
- 2 yemek kaşığı mirin
- 1 bardak ikura don
- 2 yemek kaşığı zencefil
- 1 bardak kıyılmış nori yaprağı
- 1 yemek kaşığı pirinç sirkesi
- 2 bardak su
- Tatmak için tuz
- Tatmak için karabiber
- 2 yemek kaşığı hafif soya sosu
- 2 yemek kaşığı koyu soya sosu
- 1 çay kaşığı ezilmiş sarımsak

TALİMATLAR:
1. Bir sos tavası alın.
2. Tencereye suyu ekleyin.
3. Pirinci ekleyin ve yaklaşık on dakika kadar iyice pişirin.
4. Geri kalan malzemeleri bir kaseye ekleyin.
5. Malzemeleri iyice karıştırın.
6. Kahverengi pirinci bir kaseye ekleyin.
7. Sebzeleri ve ikurayı üstüne ekleyin.
8. Hazırladığınız sosu üzerine gezdirin.
9. Yemeğiniz servise hazır.

5.Japon Domuz Pirzola Kasesi

İÇİNDEKİLER:
- 2 bardak pirinç
- 1 bardak wasabi
- 1 yemek kaşığı Japon baharatı
- 1 yemek kaşığı susam
- 1 bardak kıyılmış domuz eti
- 2 yemek kaşığı mısır nişastası
- 1/2 su bardağı ekmek kırıntısı
- 2 bardak su
- Tatmak için tuz
- Tatmak için karabiber
- 1 bardak yemeklik yağ
- 1 yemek kaşığı soya sosu

TALİMATLAR:
1. Bir sos tavası alın.
2. Tencereye suyu ekleyin.
3. Pirinci ekleyin ve yaklaşık on dakika kadar iyice pişirin.
4. Bir kase alın.
5. İçine Japon baharatını, domuz etini ve mısır nişastasını ekleyin.
6. İyice karıştırın ve 2 büyük pirzola oluşturun.
7. Ekmek kırıntılarına bulayın.
8. Köfteleri yaklaşık on dakika boyunca derin yağda kızartın.
9. Malzemeleri iyice karıştırın.
10. Kahverengi pirinci bir kaseye ekleyin.
11. Pirincin üzerine pirzolaları ekleyin.
12. Geri kalan malzemeleri üstüne ekleyin.
13. Yemeğiniz servise hazır.

6.Japon Soğanlı Pirinç Kasesi

İÇİNDEKİLER:

- 2 su bardağı dilimlenmiş soğan
- 1 yemek kaşığı mirin
- 2 su bardağı esmer pirinç
- 2 yemek kaşığı Worcestershire sosu
- 1 yemek kaşığı yemeklik yağ
- 1 su bardağı tahin sosu
- 2 bardak su
- Tatmak için tuz
- Tatmak için karabiber
- 2 yemek kaşığı soya sosu
- 1 çay kaşığı şeker
- 1 çay kaşığı ezilmiş sarımsak

TALİMATLAR:

1. Bir sos tavası alın.
2. Tencereye suyu ekleyin.
3. Kahverengi pirinci ekleyin ve yaklaşık on dakika kadar iyice pişirin.
4. Kurutulmuş malzemelerin geri kalanını bir kaseye ekleyin.
5. Malzemeleri iyice karıştırın.
6. Bir tavayı ısıtın.
7. Tavaya soğanları ekleyin.
8. Yeşil soğanları iyice pişirin.
9. d1 olduğunda bulaşıkları boşaltın.
10. Kahverengi pirinci bir kaseye ekleyin.
11. Üzerine yeşil soğanları ekleyin.
12. Yemeğiniz servise hazır.

7.Salatalık Sunomono

İÇİNDEKİLER:

- 1 çay kaşığı tuz
- 1 ½ çay kaşığı zencefil kökü
- ⅓ bardak pirinç sirkesi
- 4 çay kaşığı beyaz şeker
- 2 büyük salatalık, soyulmuş

TALİMATLAR:

1. Salatalıklar uzunlamasına 1/2'ye bölünmeli ve büyük çekirdekleri çıkarılmalıdır.
2. Çapraz olarak çok küçük parçalar halinde kesin.
3. Sirkeyi, nişastayı, tuzu ve baharatı sığ bir kapta birleştirin. İyice karıştırın.
4. Salatalıkları bardağa koyun ve üzerlerini eşit şekilde solüsyonla kaplayacak şekilde çevirin.
5. Yemeden önce salatalık tabağını en az 1 saat soğutun.

8.Tofu Hiyayakko

İÇİNDEKİLER:

- 1 tutam palamut talaşı
- 1 tutam kavrulmuş susam
- 1 ½ çay kaşığı taze zencefil kökü
- ¼ çay kaşığı yeşil soğan
- 1 yemek kaşığı soya sosu
- ½ çay kaşığı su
- ¼ (12 ons) paket ipeksi tofu
- ½ çay kaşığı Dashi granülleri
- 1 çay kaşığı beyaz şeker

TALİMATLAR:

1. Sığ bir kapta şekeri, dashi granüllerini, soya sosunu ve şekeri çözündüğünde suyu karıştırın.
2. Küçük bir tabağa tofu koyun ve üzerini yeşil soğan, zencefil ve palamut granülleriyle kaplayın.
3. Soya karışımını üzerine serpin ve susam serpin.

9.Japon Kahvaltısı Lapa Kasesi

İÇİNDEKİLER:
- 20 gr firma
- İstenilen kıvama göre su
- 1 yemek kaşığı besin mayası
- ¼ küçük bir avokado
- 20 gr yuvarlak kahverengi pirinç (kuru)
- 1 nori yaprağı, parçalanmış
- 1 çay kaşığı miso ezmesi
- ½ su bardağı doğranmış pırasa
- 20 gr yulaf ezmesi

SÜSLEMEK İÇİN
- Susam taneleri
- Toz kırmızı biber

TALİMATLAR:
1. Esmer pirinci süzerek başlayın. Yıkayın ve temizleyin.
2. Sabah yulaf lapasını hazırlamadan önce yulaf ezmesini sığ bir tencereye koyun, ardından yalnızca üzerini dolduracak kadar sıcak su ekleyin. Sadece bir kenara koy.
3. Nori kağıtlarını avucunuzla yırtabilir veya bıçakla kesebilirsiniz.
4. Daha sonra, ıslatılmış pirinci ve dilimlenmiş pırasayı oda sıcaklığındaki su tavasında, pirinç hazır olana kadar yaklaşık on dakika pişirin.
5. Isıtmayı kapatın. Daha sonra ıslatılmış yulaf ezmesini karıştırın ve uygun kaynar suyu ekleyin.
6. Daha sonra, bir miktar sıvıyı miso ezmesiyle birleştirin ve yırtılmış nori kağıdı ve besin mayasını karışıma ekleyin.
7. Yine gerektiğinde biraz su ekleyin.

10.Japon Sığır Tataki Ruloları

İÇİNDEKİLER:
- 2 çay kaşığı susam
- Büyük demet kişniş
- 1 yeşil
- 2 kırmızı biber
- ¼ napa lahana
- 1 havuç
- 1 lb. sığır filetosu
- 1 yemek kaşığı susam yağı
- 1 çay kaşığı şeker
- 4 yemek kaşığı soya sosu
- 1 yemek kaşığı nötr yağ

TALİMATLAR:
1. Yapışmaz veya sac kızartma tavasını orta sıcaklıkta, dumanı tütene kadar ısıtın.
2. Sığır filetosunu nötr spreyle fırçaladıktan sonra her iki tarafını da 40 saniye kızartın.
3. Küçük bir kapta susam yağını, soya sosunu, glikozu birleştirin ve şeker eriyene kadar çırpın.
4. 2 yemek kaşığı baharatı etin üzerine aktarın ve üzerine sürün.
5. Kalan pansumanı güne saklayın.
6. Eti bantla sardıktan sonra en az bir saat buzdolabında bekletin.
7. Napa marulu, lahanayı, taze soğanı ve kırmızı biberi ince ince dilimleyin.
8. Sığır etini ince ince dilimleyin ve ortasına her bir sebzeden birer porsiyon koyun.
9. Yavaşça yuvarlamadan önce her rulonun üzerine biraz kaplama serpin.
10. Susam serperek sıcak servis yapın.

11.Krep Dorayaki

İÇİNDEKİLER:

- Sebze yağı
- ½ su bardağı kırmızı fasulye ezmesi
- 2 yemek kaşığı mirin veya akçaağaç şurubu
- ¼ çay kaşığı soya sosu
- ½ su bardağı elenmiş kek unu
- 2 çay kaşığı kabartma tozu
- ⅓ bardak soya sütü
- 2 yemek kaşığı pudra şekeri

TALİMATLAR:

1. Büyük bir kapta un, pudra şekeri ve mısır nişastasını karıştırın.
2. Akçaağaç şurubunu, soya sütünü ve soya sosunu başka bir tabağa ekleyin.
3. Lezzetli bir karışım oluşturmak için kurutulmuş karışımı ıslak 1'e bırakın ve karıştırın.
4. Çok yoğun olması gerekmiyor ama sadece dökmek için yeterince küçük olmalı. On dakika boyunca her şeyin oturmasına izin verin.
5. Yapışmaz bir tavaya veya tencereye az miktarda yağı dökün ve orta ateşte ısıtın.
6. Yağı eşit şekilde dağıtmak için bir havlu kullanın. Kreplerin gölgelenmesine yardımcı olmak için en ufak bir miktarı istiyorsunuz, ancak onlara bağlı kalmayın.
7. Isıyı orta dereceye düşürün ve yapışmaz plaka üzerinde bulabileceğiniz en uygun yuvarlak hamura yaklaşık 2 yemek kaşığı dökün.
8. Hepsinin yaklaşık olarak aynı sayıda olması gerekir.
9. Yaklaşık 2 dakika kadar ilk elde ısıtın, kenarlarda kabarcıklar oluşabilir ve yanları çok kolay pişer.
10. Diğer yandan yaklaşık 1 dakika daha çevirin ve ısıtın.
11. Keklerinizi birkaç dakika soğumaya bırakın, ardından her birine bir parça Anko fasulye ezmesi ekleyin.
12. Dorayaki'yi yapmak için üzerini kruvasanla örtün ve üst üste koyun.
13. Bir tutam pudra şekeri veya krem peynir veya bademli doğranmış çileklerle servis yapın.

12.Tamagoyaki Mücadelesi

İÇİNDEKİLER:

- ¼ çay kaşığı siyah tuz
- zevkinize biber
- 2 çay kaşığı şeker (10g)
- ⅛ çay kaşığı kabartma tozu
- ½ çay kaşığı kombu dashi
- 2 çay kaşığı mirin (10g)
- 1 sayfa yuba
- 3 yemek kaşığı tercih edilen sıvı
- 1 çay kaşığı soya sosu
- ¼ bardak ipeksi tofu (60g)
- Garnitür
- Taze soğan
- Susam taneleri
- kizami nori
- Soya sosu
- İsteğe bağlı
- 1 yemek kaşığı vegan kewpie mayonez
- Bir tutam zerdeçal
- 2 çay kaşığı besin mayası (8g)

TALİMATLAR:

1. Ilık suda 3-5 dakika nemlendirin, kuru yubayı.
2. Yubayı yaklaşık yumruk büyüklüğünde daha küçük parçalara bölün.
3. Soya sütü, ipek tofu, mirin, soya sosu, pirinç, dashi, şeker ve kabartma tozunu iyice karıştırın.
4. Bu aynı zamanda karıştırılan yumurtalı karışım olacak.
5. Orta-yüksek ateşte bir kaseyi ısıtın ve yağlar veya vejetaryen tereyağı ekleyin.
6. İpeksi tofuyu ekleyin ve yuba malzemesini üstüne koyun. Kullanmadan önce yaklaşık 2 dakika pişmesine izin verin.
7. Kenarları kızarmış gibi görünene kadar kaşık veya spatula kullanın, ardından kenarlarını ortaya doğru bastırın.
8. Isıyı azaltın ve yumurta karışımını birkaç dakikada bir doğru kıvama getirerek otuz saniye daha pişirin.
9. Kenarındaki siyah tuzu parmak uçlarınızla sıkın.
10. Fırından çıkarıp makarnanın yanında veya üzerinde yiyin.

13.Tavuklu Ramen

İÇİNDEKİLER:
- 2 (3 oz.) paket ramen eriştesi
- Taze jalapeno dilimleri
- 2 büyük yumurta
- ½ bardak yeşil soğan
- 2 tavuk göğsü
- 1 oz. Şitake mantarları
- 1-2 çay kaşığı deniz tuzu (tadına göre)
- Kaşer tuzu
- 2 yemek kaşığı mirin
- 4 su bardağı zengin tavuk suyu
- Karabiber
- 3 çay kaşığı taze sarımsak
- 3 yemek kaşığı soya sosu
- 2 çay kaşığı susam yağı
- 2 çay kaşığı taze zencefil
- 1 yemek kaşığı tuzsuz tereyağı

TALİMATLAR:
1. Fırını 375 Fahrenheit dereceye kadar önceden ısıtın.
2. Tavuğu tuz ve karabiberle tatlandırın.
3. Fırına dayanıklı büyük bir tavada yağı orta-yüksek ateşte ısıtın.
4. Tavuğu derisi kesilmiş tarafıyla pişirin.
5. Tava ile fırında yirmi dakika kadar kavurun.
6. Büyük bir tencereye, orta ateşte parıldayana kadar yağ ekleyin.
7. Kurutulmuş mantarları eklemeden önce stokları üstü kapalı olarak kaynatın.
8. Yumuşak kaynamış beyazları hazırlamak için önce yumurtaları tuzlu suda pişirin.
9. Bu arada yeşil soğanı ve jalapeno'yu dilimleyin.
10. Daha sonra keskin bir bıçak kullanarak tavuğu ince dilimler halinde kesin.
11. Erişteler yumuşayana kadar 3 dakika pişirin ve ardından 2 büyük kaseye bölün.
12. Kesilmiş tavuk ve ramen suyunu geniş bir karıştırma kabında karıştırın.
13. Küçük yeşil soğan, jalapeno ve yumuşak haşlanmış yumurta sinirlenir. Hemen servis yapın.

14.Japon Çırpılmış Yumurta ve Pirinç Kasesi

İÇİNDEKİLER:

- 4 yumurta
- 1 yemek kaşığı mirin
- 2 su bardağı esmer pirinç
- 2 yemek kaşığı Worcestershire sosu
- 1 yemek kaşığı yemeklik yağ
- 1 su bardağı tahin sosu
- 2 bardak su
- Tatmak için tuz
- Tatmak için karabiber
- 2 yemek kaşığı soya sosu
- 1 çay kaşığı şeker
- 1 çay kaşığı ezilmiş sarımsak

TALİMATLAR:

1. Bir sos tavası alın.
2. Tencereye suyu ekleyin.
3. Kahverengi pirinci ekleyin ve yaklaşık on dakika kadar iyice pişirin.
4. Geri kalan malzemeleri bir kaseye ekleyin.
5. Malzemeleri iyice karıştırın.
6. Tavayı ısıtın.
7. Yumurta karışımını ve yağı tavaya ekleyin.
8. Yumurtayı iyice pişirin.
9. Karışımı karıştırın ve beş ila yedi dakika pişirin.
10. d1 olduğunda tabağı boşaltın.
11. Kahverengi pirinci bir kaseye ekleyin.
12. Üzerine çırpılmış yumurtayı ekleyin.
13. Yemeğiniz servise hazır.

15.Japon Tonkutsu Pirinç Kasesi

İÇİNDEKİLER:
- 2 bardak tonkatsu (domuz eti)
- 2 yemek kaşığı Japon beş baharatı
- 1 çay kaşığı kırmızı pul biber
- Bir tutam karabiber
- Bir tutam tuz
- 1 yumurta
- Birkaç damla su
- 2 su bardağı çok amaçlı un
- Yemek yagı
- 1 bardak tonkatsu sosu
- 1 bardak kahverengi pirinç
- 2 bardak su

TALİMATLAR:
1. Büyük bir kase alın.
2. Yumurtayı ve suyu içine ekleyin.
3. Yumurtaları iyice çırpın.
4. Çok amaçlı unu karışıma ekleyin.
5. Şimdi yemeklik yağ hariç geri kalan tüm malzemeleri 1'er 1 ekleyin.
6. Hamuru iyice karıştırın.
7. Büyük bir tava alın.
8. Yağı ısıtın ve hamuru kızartın.
9. Malzemeleri boşaltın.
10. Bir sos tavası alın.
11. Suyu tavaya ekleyin.
12. Kahverengi pirinci ekleyin ve yaklaşık on dakika kadar iyice pişirin.
13. Kahverengi pirinci bir kaseye ekleyin.
14. Üzerine tonkotsu ve sosu ekleyin.
15. Yemeğiniz servise hazır.

16.Japon Frenk Soğanı ve Susamlı Pirinç Kasesi

İÇİNDEKİLER:
- 2 su bardağı esmer pirinç
- 1 su bardağı doğranmış frenk soğanı
- 2 yemek kaşığı turşu zencefil
- 1 yemek kaşığı susam
- 2 bardak su
- Tatmak için tuz
- Tatmak için karabiber
- 2 yemek kaşığı soya sosu
- 1 çay kaşığı h1y
- 1 çay kaşığı ezilmiş sarımsak

TALİMATLAR:
1. Bir sos tavası alın.
2. Tencereye suyu ekleyin.
3. Kahverengi pirinci ekleyin ve yaklaşık on dakika kadar iyice pişirin.
4. Küçük bir kase alın.
5. Geri kalan malzemeleri kaseye ekleyin.
6. Malzemeleri iyice karıştırın.
7. Kahverengi pirinci bir kaseye ekleyin.
8. Hazırladığınız sosu üzerine gezdirin.
9. Yemeğiniz servise hazır.

17.Japon Etli Pirinç Kasesi

İÇİNDEKİLER:
- 1 pound sığır eti şeritleri
- 1 yemek kaşığı mirin
- 2 su bardağı esmer pirinç
- 2 yemek kaşığı Worcestershire sosu
- 1 yemek kaşığı yemeklik yağ
- 2 bardak su
- Tatmak için tuz
- Tatmak için karabiber
- 2 yemek kaşığı soya sosu
- 1 çay kaşığı şeker
- 1 çay kaşığı ezilmiş sarımsak

TALİMATLAR:
1. Bir sos tavası alın.
2. Tencereye suyu ekleyin.
3. Kahverengi pirinci ekleyin ve yaklaşık on dakika kadar iyice pişirin.
4. Geri kalan malzemeleri bir kaseye ekleyin.
5. Malzemeleri iyice karıştırın.
6. Tavayı ısıtın.
7. Tavaya dana eti şeritlerini ve yağı ekleyin.
8. Dana şeritlerini iyice pişirin.
9. d1 olduğunda bulaşıkları boşaltın.
10. Kahverengi pirinci bir kaseye ekleyin.
11. Üzerine sığır eti karışımını ekleyin.
12. Yemeğiniz servise hazır.

18.Japon Sashimi Kasesi

İÇİNDEKİLER:

- 2 bardak pirinç
- 1 bardak wasabi
- 1 yemek kaşığı kıyılmış nori yaprağı
- 1 yemek kaşığı shiso yaprağı
- 1 yemek kaşığı somon balığı
- 2 bardak su
- Tatmak için tuz
- Tatmak için karabiber
- 1 bardak sashimi
- 1 yemek kaşığı soya sosu

TALİMATLAR:

1. Bir sos tavası alın.
2. Tencereye suyu ekleyin.
3. Pirinci ekleyin ve yaklaşık on dakika kadar iyice pişirin.
4. Sashimi parçalarını yaklaşık on dakika boyunca mikrodalgada tutun.
5. Malzemeleri iyice karıştırın.
6. Kahverengi pirinci bir kaseye ekleyin.
7. Sashimi'yi üstüne ekleyin.
8. Geri kalan malzemeleri üstüne ekleyin.
9. Yemeğiniz servise hazır.

19.Japon Izgara Domuz Kasesi

İÇİNDEKİLER:
- 1 pound domuz eti şeritleri
- 1 yemek kaşığı mirin
- 2 su bardağı esmer pirinç
- 2 yemek kaşığı Worcestershire sosu
- 1 yemek kaşığı yemeklik yağ
- 2 bardak su
- Tatmak için tuz
- Tatmak için karabiber
- 2 yemek kaşığı soya sosu
- 1 çay kaşığı şeker
- 1 çay kaşığı ezilmiş sarımsak

TALİMATLAR:
1. Bir sos tavası alın.
2. Tencereye suyu ekleyin.
3. Kahverengi pirinci ekleyin ve yaklaşık on dakika kadar iyice pişirin.
4. Kurutulmuş malzemelerin geri kalanını bir kaseye ekleyin.
5. Malzemeleri iyice karıştırın.
6. Izgara tavasını ısıtın.
7. Domuz şeritlerini ızgara tavasına ekleyin.
8. Şeritlerin her iki tarafını da iyice pişirin.
9. d1 olduğunda bulaşıkları boşaltın.
10. Kahverengi pirinci bir kaseye ekleyin.
11. Domuz eti şeritlerini üstüne ekleyin.
12. Yemeğiniz servise hazır.

20.Japon Soğanlı Dana Pirinç Kasesi

İÇİNDEKİLER:
- 1 pound sığır eti şeritleri
- 1 yemek kaşığı mirin
- 1 su bardağı dilimlenmiş soğan
- 2 su bardağı esmer pirinç
- 2 yemek kaşığı Worcestershire sosu
- 1 yemek kaşığı yemeklik yağ
- 2 bardak su
- Tatmak için tuz
- Tatmak için karabiber
- 2 yemek kaşığı soya sosu
- 1 çay kaşığı şeker
- 1 çay kaşığı ezilmiş sarımsak

TALİMATLAR:
1. Bir sos tavası alın.
2. Tencereye suyu ekleyin.
3. Kahverengi pirinci ekleyin ve yaklaşık on dakika kadar iyice pişirin.
4. Tavayı ısıtın.
5. Tavaya soğanları ve yağı ekleyin.
6. Yeşil soğanları iyice pişirin.
7. Sığır etini, sarımsağı ve diğer malzemeleri tavaya ekleyin.
8. İyi pişirin.
9. d1 olduğunda bulaşıkları boşaltın.
10. Kahverengi pirinci bir kaseye ekleyin.
11. Üzerine dana eti ve yeşil soğan karışımını ekleyin.
12. Yemeğiniz servise hazır.

21.Japon Karides Kasesi

İÇİNDEKİLER:
- 1 bardak edamame
- 1 doğranmış havuç
- 2 bardak pirinç
- 2 bardak dilimlenmiş avokado
- 1 bardak baharatlı sriracha sosu
- 1 bardak salatalık
- 2 yemek kaşığı mirin
- 1 bardak ızgara karides
- 2 yemek kaşığı zencefil
- 1 bardak kıyılmış nori yaprağı
- 1 yemek kaşığı pirinç sirkesi
- 2 bardak su
- Tatmak için tuz
- Tatmak için karabiber
- 2 yemek kaşığı hafif soya sosu
- 2 yemek kaşığı koyu soya sosu
- 1 çay kaşığı ezilmiş sarımsak

TALİMATLAR:
1. Bir sos tavası alın.
2. Tencereye suyu ekleyin.
3. Pirinci ekleyin ve yaklaşık on dakika kadar iyice pişirin.
4. Geri kalan malzemeleri bir kaseye ekleyin.
5. Malzemeleri iyice karıştırın.
6. Kahverengi pirinci bir kaseye ekleyin.
7. Sebzeleri ve karidesleri üstüne ekleyin.
8. Hazırladığınız sosu üzerine gezdirin.
9. Yemeğiniz servise hazır.

22.Japon Soğanı ve Dana Pilavı Bento

İÇİNDEKİLER:
- 1 su bardağı dana kıyma
- 1 su bardağı doğranmış soğan
- 2 yumurta
- 1 yemek kaşığı mirin
- 2 bardak pirinç
- 2 yemek kaşığı Worcestershire sosu
- 1 yemek kaşığı yemeklik yağ
- 2 bardak su
- Tatmak için tuz
- Tatmak için karabiber
- 2 yemek kaşığı soya sosu
- 1 çay kaşığı esmer şeker
- 1 çay kaşığı ezilmiş sarımsak
- 1 yemek kaşığı kişniş

TALİMATLAR:
1. Bir sos tavası alın.
2. Tencereye suyu ekleyin.
3. Pirinci ekleyin ve yaklaşık on dakika kadar iyice pişirin.
4. Tavayı ısıtın.
5. Tavaya yağı ekleyin.
6. Tavaya soğanları ekleyin.
7. İyice pişirin ve ardından sarımsakları tavaya ekleyin.
8. Eti tavaya ekleyin.
9. Tamamen yumuşayana kadar pişirin.
10. Tüm baharatları tavaya ekleyin.
11. Yumurtaları farklı bir tavada pişirin.
12. Karışımı karıştırın ve dağıtın.
13. Bir kaseye pirinci ekleyin.
14. Sığır eti karışımını pirince ekleyin.
15. Yumurta karışımını üstüne dökün.
16. Üstünü kişnişle süsleyin.
17. Yemeğiniz servise hazır.

ÇİN PİRİNÇ KASESİ

23.Çin Tavuklu Kızarmış Pilav

İÇİNDEKİLER:
- 1 yemek kaşığı balık sosu
- 1 yemek kaşığı soya sosu
- 1/2 çay kaşığı Çin beş baharatı
- 2 yemek kaşığı biber sarımsak sosu
- 2 kırmızı biber
- 1 büyük jalapeno
- 1/2 bardak dilimlenmiş yeşil soğan
- 1 çay kaşığı beyaz biber
- 1 çay kaşığı taze zencefil
- 1/2 bardak taze kişniş yaprağı
- 1/4 taze fesleğen yaprağı
- 1 su bardağı tavuk suyu
- 1 çay kaşığı kıyılmış limon otu
- 1 çay kaşığı kıyılmış sarımsak
- 2 yemek kaşığı susam yağı
- 1 yumurta
- 1/2 su bardağı tavuk
- 2 su bardağı pişmiş kahverengi pirinç

TALİMATLAR:
1. Bir wok alın.
2. Kıyılmış limon otu, beyaz biber, doğranmış sarımsak, beş Çin baharatı, kırmızı biber, fesleğen yaprağı ve zencefili wok'a ekleyin.
3. Tavuk parçalarını tavaya ekleyin.
4. Tavuk parçalarını karıştırarak kızartın.
5. Tavuk suyunu ve sosları wok karışımına ekleyin.
6. Yemeği on dakika pişirin.
7. Pişmiş kahverengi pirinci karışıma ekleyin.
8. Pirinci iyice karıştırıp beş dakika pişirin.
9. Her şeyi birlikte karıştırın.
10. Kişnişi tabağa ekleyin.
11. Pirinci karıştırın ve birkaç dakika kızartın.
12. Pirinci kaselere ekleyin.
13. Yumurtaları 1'er 1 kızartın.
14. Kızartılmış yumurtayı kasenin üzerine yerleştirin.
15. Yemeğiniz servise hazır.

24. Baharatlı Sebze Kasesi

İÇİNDEKİLER:

- 2 su bardağı esmer pirinç
- 1 bardak sriracha sosu
- 1 bardak salatalık
- 2 yemek kaşığı turşu turp
- 1 yemek kaşığı Sichuan biberi
- 1 yemek kaşığı pirinç sirkesi
- 1 su bardağı kırmızı lahana
- 1 bardak filiz
- 2 yemek kaşığı kavrulmuş fıstık
- 2 bardak su
- Tatmak için tuz
- Tatmak için karabiber
- 2 yemek kaşığı soya sosu
- 1 çay kaşığı ezilmiş sarımsak

TALİMATLAR:

1. Bir sos tavası alın.
2. Tencereye suyu ekleyin.
3. Kahverengi pirinci ekleyin ve yaklaşık on dakika kadar iyice pişirin.
4. Sebzeleri bir tavada pişirin.
5. Tavaya Sichuan biberini, baharatların geri kalanını ve sosu ekleyin.
6. Malzemeleri iyice karıştırın.
7. d1 olduğunda bulaşıkları boşaltın.
8. Kahverengi pirinci bir kaseye ekleyin.
9. Sebzeleri üstüne ekleyin.
10. Yemeğiniz servise hazır.

25.Çin Öğütülmüş Hindi Kasesi

İÇİNDEKİLER:

- 2 çay kaşığı pirinç şarabı
- 1 çay kaşığı pudra şekeri
- 1/4 çay kaşığı Sichuan biberi
- 2 çay kaşığı doğranmış kırmızı biber
- Karabiber
- Tuz
- 1 yemek kaşığı kıyılmış sarımsak
- 1 yemek kaşığı istiridye sosu
- 1 yemek kaşığı hafif soya sosu
- 1/2 su bardağı ince doğranmış taze soğan
- 2 çay kaşığı susam yağı
- 4 çay kaşığı koyu soya sosu
- 2 bardak öğütülmüş hindi
- 2 su bardağı pişmiş pirinç

TALİMATLAR:

1. Büyük bir tava alın.
2. Yağı bir tavada ısıtın ve hindiyi içine ekleyin.
3. Kıyılmış sarımsağı tavaya ekleyin.
4. Pirinç şarabını tavaya ekleyin.
5. Karışımı iyice kavruluncaya kadar yaklaşık on dakika kadar pişirin.
6. Tencereye pudra şekeri, Sichuan biberi, kırmızı biber, koyu soya sosu, istiridye sosu, hafif soya sosu, karabiber ve tuzu ekleyin.
7. Malzemeleri yaklaşık on beş dakika iyice pişirin.
8. Pirinci 2 kaseye ekleyin.
9. Pişen hindi karışımını üstüne ekleyin.
10. Yemeğiniz servise hazır.

26.Kıymalı Pirinç Kasesi Tarifi

İÇİNDEKİLER:

- 2 çay kaşığı pirinç şarabı
- 1 çay kaşığı pudra şekeri
- 1/4 çay kaşığı Sichuan biberi
- 2 çay kaşığı doğranmış kırmızı biber
- Karabiber
- Tuz
- 1 yemek kaşığı kıyılmış sarımsak
- 1 yemek kaşığı istiridye sosu
- 1 yemek kaşığı hafif soya sosu
- 1/2 su bardağı ince doğranmış taze soğan
- 2 çay kaşığı susam yağı
- 4 çay kaşığı koyu soya sosu
- 2 su bardağı kıyma
- 2 su bardağı pişmiş pirinç

TALİMATLAR:

1. Büyük bir tava alın.
2. Yağı bir tavada ısıtın ve içine etleri ekleyin.
3. Kıyılmış sarımsağı tavaya ekleyin.
4. Pirinç şarabını tavaya ekleyin.
5. Karışımı iyice kavruluncaya kadar yaklaşık on dakika kadar pişirin.
6. Tavaya pudra şekeri, Siçuan biberi, kırmızı biber, koyu soya sosu, istiridye sosu, hafif soya sosu, karabiber ve tuzu ekleyin.
7. Malzemeleri yaklaşık on beş dakika iyice pişirin.
8. Pirinci 2 kaseye ekleyin.
9. Pişen et karışımını üstüne ekleyin.
10. Yemeğiniz servise hazır.

27.Çıtır Pirinç Kasesi

İÇİNDEKİLER:
- 2 su bardağı haşlanmış esmer pirinç
- 1 bardak sriracha sosu
- 1 yemek kaşığı tamari
- 1 yemek kaşığı pirinç sirkesi
- Tatmak için tuz
- Tatmak için karabiber
- 2 yemek kaşığı soya sosu
- 1 çay kaşığı ezilmiş sarımsak
- 2 yemek kaşığı yemeklik yağ
- 1 su bardağı çıtır pirinç sosu

TALİMATLAR:
1. Bir tavaya yağı ekleyin.
2. Haşlanmış pirinci tavaya ekleyin.
3. Pirinci iyice karıştırın.
4. Çıtır çıtır olsun.
5. Yaklaşık on dakika pişirin.
6. Küçük bir kase alın.
7. Geri kalan malzemeleri kaseye ekleyin.
8. Malzemeleri iyice karıştırın.
9. Bir kaseye çıtır pirinci ekleyin.
10. Hazırladığınız sosu üzerine gezdirin.
11. Yemeğiniz servise hazır.

28.Tuzlu Yapışkan Pirinç Kasesi

İÇİNDEKİLER:
- 1 yemek kaşığı istiridye sosu
- 2 Çin biberi
- 1 bardak yeşil soğan
- 1/2 yemek kaşığı soya sosu
- 2 çay kaşığı kıyılmış sarımsak
- 3 yemek kaşığı yemeklik yağ
- 1/2 bardak acı sos
- 2 su bardağı karışık sebze
- Gerektiği kadar tuz
- Süslemek için doğranmış taze kişniş
- 1 bardak sosis
- 1 su bardağı haşlanmış yapışkan pirinç

TALİMATLAR:
1. Büyük bir tava alın.
2. Tavaya yağı ekleyin ve ısıtın.
3. Sebzeleri ve soğanları tavaya ekleyip karıştırarak kavurun.
4. Sosisleri ekleyip iyice pişirin.
5. Kıyılmış sarımsağı tavaya ekleyin.
6. Soya sosunu, balık sosunu, Çin biberini, acı sosunu ve diğer malzemeleri karışıma ekleyin.
7. Yemeği on dakika pişirin.
8. Malzemeleri dağıtın.
9. Yapışkan pirinci kaselere ekleyin.
10. Hazırlanan karışımı üzerine ekleyin.
11. Kaseleri doğranmış taze kişniş yapraklarıyla süsleyin.
12. Yemeğiniz servise hazır.

29.Hoisin Sığır Kasesi

İÇİNDEKİLER:

- 2 su bardağı esmer pirinç
- 1 bardak kuru üzüm sosu
- 1 yemek kaşığı Siçuan biberi
- 1 yemek kaşığı pirinç sirkesi
- 2 bardak dana eti şeritleri
- 2 bardak su
- Tatmak için tuz
- Tatmak için karabiber
- 2 yemek kaşığı soya sosu
- 1 çay kaşığı ezilmiş sarımsak

TALİMATLAR:

1. Bir sos tavası alın.
2. Tencereye suyu ekleyin.
3. Kahverengi pirinci ekleyin ve yaklaşık on dakika kadar iyice pişirin.
4. Sığır eti şeritlerini bir tavada pişirin.
5. Kuru üzüm sosunu ve geri kalan baharatları ve sosu tavaya ekleyin.
6. Malzemeleri iyice karıştırın.
7. d1 olduğunda bulaşıkları boşaltın.
8. Kahverengi pirinci bir kaseye ekleyin.
9. Üzerine et karışımını ekleyin.
10. Yemeğiniz servise hazır.

30.Domuz Eti ve Zencefilli Pirinç Kasesi

İÇİNDEKİLER:
- 2 çay kaşığı pirinç şarabı
- 1/4 çay kaşığı Sichuan biberi
- Karabiber
- Tuz
- 1 yemek kaşığı doğranmış zencefil
- 1 yemek kaşığı istiridye sosu
- 1 yemek kaşığı hafif soya sosu
- 2 çay kaşığı susam yağı
- 4 çay kaşığı koyu soya sosu
- 2 bardak kıyma domuz eti
- 2 su bardağı pişmiş pirinç

TALİMATLAR:
1. Büyük bir tava alın.
2. Yağı bir tavada ısıtın ve içine domuz eti ekleyin.
3. Kıyılmış zencefili tavaya ekleyin.
4. Pirinç şarabını tavaya ekleyin.
5. Karışımı iyice kavruluncaya kadar yaklaşık on dakika kadar pişirin.
6. Tencereye pudra şekeri, Sichuan biberi, kırmızı biber, koyu soya sosu, istiridye sosu, hafif soya sosu, karabiber ve tuzu ekleyin.
7. Malzemeleri yaklaşık on beş dakika iyice pişirin.
8. Pirinci 2 kaseye ekleyin.
9. Pişmiş domuz eti karışımını üstüne ekleyin.
10. Yemeğiniz servise hazır.

31.Susam Soslu Vegan Poke Kasesi Tarifi

İÇİNDEKİLER:
- 1 bardak edamame
- 1 doğranmış havuç
- 2 bardak pirinç
- 2 bardak dilimlenmiş avokado
- 1 su bardağı susam sosu
- 1 bardak salatalık
- 1 su bardağı mor lahana
- 1 bardak çıtır tofu küpleri
- 2 yemek kaşığı zencefil
- 1 yemek kaşığı pirinç sirkesi
- 2 bardak su
- Tatmak için tuz
- Tatmak için karabiber
- 2 yemek kaşığı hafif soya sosu
- 2 yemek kaşığı koyu soya sosu
- 1 çay kaşığı ezilmiş sarımsak

TALİMATLAR:
1. Bir sos tavası alın.
2. Tencereye suyu ekleyin.
3. Pirinci ekleyin ve yaklaşık on dakika kadar iyice pişirin.
4. Susam sosu dışındaki malzemeleri bir kaseye ekleyin.
5. Malzemeleri iyice karıştırın.
6. Kahverengi pirinci bir kaseye ekleyin.
7. Sebzeleri ve tofuyu üstüne ekleyin.
8. Üzerine susam sosunu gezdirin.
9. Yemeğiniz servise hazır.

32.Chili Tavuklu Pilav Kasesi

İÇİNDEKİLER:

- 1 çay kaşığı beyaz biber
- 1 çay kaşığı taze zencefil
- 1 yemek kaşığı balık sosu
- 1 yemek kaşığı soya sosu
- 1/2 çay kaşığı Çin beş baharatı
- 2 yemek kaşığı biber salçası
- 1 bardak Çin kırmızı biberi
- 1 çay kaşığı kıyılmış limon otu
- 1 çay kaşığı kıyılmış sarımsak
- 2 çay kaşığı susam yağı
- 1 su bardağı tavuk parçaları
- 2 su bardağı pişmiş pirinç

TALİMATLAR:

1. Bir wok alın.
2. Kıyılmış limon otu, beyaz biber, doğranmış sarımsak, Çin beş baharatı, kırmızı biber, fesleğen yaprağı ve zencefili wok'a ekleyin.
3. Yapışmaz bir tava alın.
4. Tavuğu tavaya ekleyin.
5. Malzemeleri pişirin ve dağıtın.
6. Sosları wok karışımına ekleyin.
7. Yemeği on dakika pişirin.
8. Tavuğu ekleyip beş dakika pişirin.
9. Geri kalan malzemeleri içine karıştırın.
10. Yemeği beş dakika daha pişirin.
11. Pirinci 2 kaseye koyun.
12. Üzerine tavuklu karışımı ekleyin.
13. Yemeğiniz servise hazır.

33.Tofu Buda Kasesi

İÇİNDEKİLER:

- 1 yemek kaşığı istiridye sosu
- 2 Çin biberi
- 1 yemek kaşığı balık sosu
- 1/2 yemek kaşığı soya sosu
- 2 çay kaşığı kıyılmış sarımsak
- 3 yemek kaşığı yemeklik yağ
- 1/2 bardak acı sos
- 2 su bardağı karışık sebze
- 2 bardak tofu küpü
- Gerektiği kadar tuz
- Süslemek için doğranmış taze kişniş
- 2 su bardağı haşlanmış pirinç
- 1 su bardağı kavrulmuş fıstık
- 1 bardak buda sosu

TALİMATLAR:

1. Büyük bir tava alın.
2. Tavaya yağı ekleyin ve ısıtın.
3. Sebzeleri ve tofuyu tavaya ekleyin ve karıştırarak kızartın.
4. Kıyılmış sarımsağı tavaya ekleyin.
5. Soya sosunu, balık sosunu, Çin biberini, acı sosunu ve diğer malzemeleri karışıma ekleyin.
6. Yemeği on dakika pişirin ve köri için biraz su ekleyin.
7. Malzemeleri boşaltın.
8. Pirinci kaselere ekleyin.
9. Üzerine hazırladığınız karışımı ve sosu ekleyin.
10. Kaseleri doğranmış taze kişniş yapraklarıyla süsleyin.
11. Yemeğiniz servise hazır.

34.Dan Pirinç Kasesi

İÇİNDEKİLER:

- 1 bardak kıyma domuz eti
- 1 yemek kaşığı sriracha sosu
- 1/2 bardak doğranmış kereviz
- 1/2 bardak dilimlenmiş yeşil soğan
- 1 çay kaşığı pirinç şarabı
- 1 çay kaşığı taze zencefil
- 1 yemek kaşığı soya sosu
- 1/2 çay kaşığı Çin beş baharatı
- 1/2 bardak taze kişniş yaprağı
- 1/2 su bardağı taze fesleğen yaprağı
- 1 su bardağı et suyu
- 1 çay kaşığı kıyılmış sarımsak
- 2 yemek kaşığı bitkisel yağ
- 2 su bardağı haşlanmış pirinç

TALİMATLAR:

1. Bir wok alın.
2. Baharatları wok'a ekleyin.
3. Wok karışımına et suyunu ve sosları ekleyin.
4. Yemeği on dakika pişirin.
5. Domuz etini karışıma ekleyin.
6. Domuzu iyice karıştırın ve beş dakika pişirin.
7. Malzemeleri iyice pişirin ve diğer malzemelerle karıştırın.
8. Ocağın ısısını azaltın.
9. Ayrı bir tavaya kuru erişteleri ve suyu ekleyin.
10. Haşlanmış pirinci kaselere ekleyin.
11. Pişen karışımı üzerine ekleyin.
12. Üzerine kişnişi ekleyin.
13. Yemeğiniz servise hazır.

35.Kıyılmış Tavuklu Pilav Kasesi

İÇİNDEKİLER:

- 2 çay kaşığı pirinç şarabı
- 1 çay kaşığı pudra şekeri
- 1/4 çay kaşığı Sichuan biberi
- 2 çay kaşığı doğranmış kırmızı biber
- Karabiber
- Tuz
- 1 yemek kaşığı kıyılmış sarımsak
- 1 yemek kaşığı istiridye sosu
- 1 yemek kaşığı hafif soya sosu
- 1/2 su bardağı ince doğranmış taze soğan
- 2 çay kaşığı susam yağı
- 4 çay kaşığı koyu soya sosu
- 2 su bardağı öğütülmüş tavuk
- 2 su bardağı pişmiş pirinç

TALİMATLAR:

1. Büyük bir tava alın.
2. Yağı bir tavada ısıtın ve içine tavukları ekleyin.
3. Kıyılmış sarımsağı tavaya ekleyin.
4. Pirinç şarabını tavaya ekleyin.
5. Karışımı iyice kavruluncaya kadar yaklaşık on dakika kadar pişirin.
6. Tencereye pudra şekeri, Sichuan biberi, kırmızı biber, koyu soya sosu, istiridye sosu, hafif soya sosu, karabiber ve tuzu ekleyin.
7. Malzemeleri yaklaşık on beş dakika iyice pişirin.
8. Pirinci 2 kaseye ekleyin.
9. Pişen tavuk karışımını üzerine ekleyin.
10. Yemeğiniz servise hazır.

36.Limonlu Erişte Kasesi

İÇİNDEKİLER:

- 1 su bardağı pirinç eriştesi
- 1/2 su bardağı limon suyu
- 1 bardak soğan
- 1 bardak su
- 2 yemek kaşığı kıyılmış sarımsak
- 2 yemek kaşığı kıyılmış zencefil
- 1/2 bardak kişniş
- 2 bardak sebze
- 2 yemek kaşığı zeytinyağı
- 1 su bardağı sebze suyu
- 1 su bardağı doğranmış domates

TALİMATLAR:

1. Bir tava alın.
2. Yağı ve soğanı ekleyin.
3. Soğanları yumuşayıp kokusu çıkana kadar pişirin.
4. Kıyılmış sarımsak ve zencefili ekleyin.
5. Karışımı pişirin ve içine domatesleri ekleyin.
6. Baharatları ekleyin.
7. Pirinç eriştesini ve limon suyunu içine ekleyin.
8. Malzemeleri dikkatlice karıştırın ve tavanın kapağını kapatın.
9. Sebzeleri ve geri kalan malzemeleri ekleyin.
10. On dakika pişirin.
11. 2 kaseye bölün.
12. Üstüne kişniş ekleyin.
13. Yemeğiniz servise hazır.

37.Sarımsaklı ve Soya Tavuklu Pilav Kasesi

İÇİNDEKİLER:

- 2 çay kaşığı pirinç şarabı
- 1 bardak soya
- 1/4 çay kaşığı Sichuan biberi
- 2 çay kaşığı doğranmış kırmızı biber
- Karabiber
- Tuz
- 1 su bardağı tavuk parçaları
- 1 yemek kaşığı kıyılmış sarımsak
- 2 yemek kaşığı susam yağı
- 4 çay kaşığı koyu soya sosu
- 2 su bardağı haşlanmış pirinç
- 2 yemek kaşığı doğranmış frenk soğanı

TALİMATLAR:

1. Büyük bir tava alın.
2. Yağı bir tavada ısıtın.
3. Kıyılmış sarımsağı tavaya ekleyin.
4. Tavuğu, pirinç şarabını ve soyayı tavaya ekleyin.
5. Karışımı iyice kavruluncaya kadar yaklaşık on dakika kadar pişirin.
6. Tavaya Sichuan biberi, kırmızı biber, koyu soya sosu, karabiber ve tuzu ekleyin.
7. Malzemeleri yaklaşık on beş dakika iyice pişirin.
8. Pirinci 2 kaseye bölün.
9. Karışımı üstüne ekleyin.
10. Yemeği doğranmış taze soğanla süsleyin.
11. Yemeğiniz servise hazır.

KORE PİRİNÇ KASESİ

38.Izgara Balıklı Kore Pirinç Kasesi

İÇİNDEKİLER:
- 1 kilo balık
- 2 bardak pirinç
- 2 yemek kaşığı gochujang
- 1 yemek kaşığı yemeklik yağ
- 2 bardak su
- Tatmak için tuz
- Tatmak için karabiber
- 2 yemek kaşığı soya sosu
- 1 çay kaşığı şeker
- 1 çay kaşığı ezilmiş sarımsak

TALİMATLAR:
1. Bir sos tavası alın.
2. Tencereye suyu ekleyin.
3. Pirinci ekleyin ve yaklaşık on dakika kadar iyice pişirin.
4. Kurutulmuş malzemelerin geri kalanını bir kaseye ekleyin.
5. Malzemeleri iyice karıştırın.
6. Izgara tavasını ısıtın.
7. Balıkları ızgara tavasına ekleyin.
8. Balığın her iki tarafını da iyice pişirin.
9. d1 olduğunda bulaşıkları boşaltın.
10. Balıkları dilimler halinde kesin.
11. Bir kaseye pirinci ekleyin.
12. Dilimlenmiş balığı üstüne ekleyin.
13. Yemeğiniz servise hazır.

39.Korean St 1 Pot Pirinç Kasesi

İÇİNDEKİLER:
- 1 bardak mantar
- 1 doğranmış havuç
- 2 su bardağı haşlanmış pirinç
- 1 bardak Çin lahanası
- 1 yemek kaşığı pirinç sirkesi
- iki yemek kaşığı kıyılmış kişniş yaprağı
- 1 su bardağı pişmiş dana eti şeritleri
- Tatmak için tuz
- Tatmak için karabiber
- 2 yemek kaşığı gochujang bibim sosu
- 2 kızarmış yumurta

TALİMATLAR:
1.2 adet küçük st1 tencere alın.
2. Pirinçleri ve pişen sebzeleri tencerelere paylaştırın.
3. Pirinç sirkesini ekleyin ve yavaşça karıştırın.
4. Üzerine sığır eti, tuz ve karabiber ekleyin.
5. Gochujang bibim sosunu üstüne gezdirin.
6. Yemeği doğranmış kişniş yapraklarıyla süsleyin.
7. Yemeğiniz servise hazır.

40.Kore Sashimi Pirinç Kasesi

İÇİNDEKİLER:
- 1 bardak sashimi dereceli balık dilimleri
- 2 su bardağı haşlanmış pirinç
- 1 yemek kaşığı doğranmış frenk soğanı
- 1 yemek kaşığı pirinç sirkesi
- 1 su bardağı karışık salata sebzesi
- 1 bardak gochujang sosu
- 2 yemek kaşığı wasabi
- Tatmak için tuz
- Tatmak için karabiber
- 2 yemek kaşığı soya sosu

TALİMATLAR:
1. 2 kase alın.
2. Pirinç ve sebzeleri her iki kaseye bölün.
3. Üzerine tuz, karabiber, pirinç sirkesi, wasabi ve soya sosunu ekleyin.
4. Balık dilimlerini sebzelerin üzerine ekleyin.
5. Gochujang sosunu üstüne ekleyin.
6. Kıyılmış taze soğanla süsleyin.
7. Yemeğiniz servise hazır.

41.Kore Suşi Pirinç Kaseleri

İÇİNDEKİLER:
- 1 su bardağı somon dilimleri
- 1 su bardağı ton balığı dilimleri
- 2 su bardağı haşlanmış pirinç
- 1 yemek kaşığı susam
- 2 tobiko yumurtası
- 1 yemek kaşığı pirinç sirkesi
- 1 bardak suşi sebzesi
- 1 bardak gochujang sosu
- Tatmak için tuz
- Tatmak için karabiber
- 2 yemek kaşığı soya sosu

TALİMATLAR:
1. 2 kase alın.
2. Pirinç ve suşi sebzelerini her iki kaseye bölün.
3. Üstüne tuz, karabiber, pirinç sirkesi ve soya sosunu ekleyin.
4. Ton balığı ve somon dilimlerini mikrodalgada ısıtın.
5. Bu et dilimlerini sebzelerin üzerine ekleyin.
6. Tobiko yumurtalarını yan tarafa yerleştirin.
7. Gochujang sosunu üstüne ekleyin.
8. Susamla süsleyin.
9. Yemeğiniz servise hazır.

42.Tavuklu Pirinç Kasesi

İÇİNDEKİLER:

- 2 çay kaşığı gochujang
- 1/2 su bardağı susam
- 1 çay kaşığı taze zencefil
- 1 yemek kaşığı balık sosu
- 1 yemek kaşığı soya sosu
- Taze kişniş yaprakları
- 2 su bardağı öğütülmüş tavuk
- 1 yemek kaşığı doğranmış frenk soğanı
- 2 su bardağı tavuk suyu
- 1 çay kaşığı mısır nişastası
- 1 çay kaşığı kıyılmış sarımsak
- 2 yemek kaşığı susam yağı
- 2 bardak pirinç
- 2 bardak su

TALİMATLAR:

1. Bir wok alın.
2. Wok'a yağı, doğranmış sarımsağı, gochujang'ı ve zencefili ekleyin.
3. Tavuk suyunu ve sosları wok karışımına ekleyin.
4. Yemeği on dakika pişirin.
5. Öğütülmüş tavuğu karışıma ekleyin.
6. Geri kalan malzemeleri ekleyin ve beş dakika pişirin.
7. Ocağın ısısını azaltın.
8. Yemeği beş dakika daha pişirin.
9. Bir sos tavası alın.
10. Suyu tavaya ekleyin.
11. Pirinci ekleyin ve yaklaşık on dakika kadar iyice pişirin.
12. Pirinci kaselere ekleyin.
13. Pişen karışımı üzerine ekleyin.
14. Taze soğanı tabağa ekleyin.
15. Yemeğiniz servise hazır.

43.Kore Sığır Sosis Kasesi

İÇİNDEKİLER:

- 2 çay kaşığı gochujang
- 1/2 su bardağı susam
- 1 çay kaşığı taze zencefil
- 1 yemek kaşığı balık sosu
- 1 yemek kaşığı soya sosu
- Taze kişniş yaprakları
- 2 bardak Kore sığır sosisi
- 1 yemek kaşığı doğranmış frenk soğanı
- 1 çay kaşığı mısır nişastası
- 1 çay kaşığı kıyılmış sarımsak
- 2 yemek kaşığı susam yağı
- 2 bardak pirinç
- 2 bardak su

TALİMATLAR:
1. Bir wok alın.
2. Wok'a yağı, doğranmış sarımsağı, gochujang'ı ve zencefili ekleyin.
3. Wok karışımına ekleyin.
4. Yemeği on dakika pişirin.
5. Sığır sosisi dilimlerini karışıma ekleyin.
6. Geri kalan malzemeleri ekleyin ve beş dakika pişirin.
7. Ocağın ısısını azaltın.
8. Yemeği beş dakika daha pişirin.
9. Bir sos tavası alın.
10. Suyu tavaya ekleyin.
11. Pirinci ekleyin ve yaklaşık on dakika kadar iyice pişirin.
12. Pirinci kaselere ekleyin.
13. Pişen karışımı üzerine ekleyin.
14. Taze soğanı tabağa ekleyin.
15. Yemeğiniz servise hazır.

44.Kore Karides Donburi Kasesi

İÇİNDEKİLER:
- 2 çay kaşığı pirinç şarabı
- 1 çay kaşığı pudra şekeri
- 1/4 çay kaşığı gochujang
- 2 çay kaşığı doğranmış kırmızı biber
- Karabiber
- Tuz
- 1 yemek kaşığı doğranmış zencefil
- 1 yemek kaşığı istiridye sosu
- 1 yemek kaşığı hafif soya sosu
- 1/2 su bardağı ince doğranmış taze soğan
- 2 çay kaşığı susam yağı
- 4 çay kaşığı koyu soya sosu
- 2 su bardağı karides parçası
- 2 bardak pirinç
- 2 bardak su

TALİMATLAR:
1. Büyük bir tava alın.
2. Yağı bir tavada ısıtın ve içine karides parçalarını ekleyin.
3. Çıtır çıtır ve altın rengi oluncaya kadar pişirin.
4. Kıyılmış zencefili tavaya ekleyin.
5. Pirinç şarabını tavaya ekleyin.
6. Karışımı yaklaşık on dakika, kavruluncaya kadar iyice pişirin.
7. Tencereye pudra şekeri, gochujang, kırmızı biber, koyu soya sosu, istiridye sosu, hafif soya sosu, karabiber ve tuzu ekleyin.
8. Malzemeleri yaklaşık on beş dakika iyice pişirin.
9. Bir sos tavası alın.
10. Tencereye suyu ekleyin.
11. Pirinci ekleyin ve yaklaşık on dakika kadar iyice pişirin.
12. Pirinci kaselere ekleyin.
13. Pişen karışımı üzerine ekleyin.
14. Yemeğiniz servise hazır.

45.Kore Karnabaharlı Pirinç Kasesi

İÇİNDEKİLER:
- 1 bardak mantar
- 1 doğranmış havuç
- 2 su bardağı karnabahar pilavı
- 1 bardak Çin lahanası
- 1 yemek kaşığı pirinç sirkesi
- 1 yemek kaşığı susam
- 2 bardak su
- Tatmak için tuz
- Tatmak için karabiber
- 2 yemek kaşığı soya sosu
- 1 çay kaşığı ezilmiş sarımsak

TALİMATLAR:
1. Mantarları, Çin lahanasını ve havuçları bir tavada pişirin.
2. Ezilmiş sarımsağı, soya sosunu, pirinç sirkesini, tuzu ve karabiberi ekleyin.
3. Karnabahar pirincini tavaya ekleyin.
4. On dakika pişirin.
5. Karnabaharlı pirinç karışımını bir kaseye ekleyin.
6. Yemeğiniz servise hazır.

46.Kore Barbekü Tavuk Kasesi

İÇİNDEKİLER:
- 1 su bardağı b1less tavuk parçaları
- 2 bardak pirinç
- 1 yemek kaşığı pirinç sirkesi
- 1 yemek kaşığı susam
- 2 bardak su
- Tatmak için tuz
- Tatmak için karabiber
- 1/2 bardak barbekü sosu
- 2 yemek kaşığı soya sosu
- 1 çay kaşığı ezilmiş sarımsak

TALİMATLAR:
1. Bir sos tavası alın.
2. Tencereye suyu ekleyin.
3. Pirinci ekleyin ve yaklaşık on dakika kadar iyice pişirin.
4. Tavuk parçalarını bir tavada pişirin.
5. Ezilmiş sarımsağı, soya sosunu, barbekü sosunu, pirinç sirkesini, tuzu ve karabiberi ekleyin.
6. On dakika pişirin.
7. Pirinci bir kaseye ekleyin.
8. Sebzeleri üstüne ekleyin.
9. Yemeğiniz servise hazır.

47.Kore Baharatlı Dana Pirinç Kasesi

İÇİNDEKİLER:
- 2 çay kaşığı gochujang
- 1/2 su bardağı susam
- 1 çay kaşığı taze zencefil
- 1 yemek kaşığı balık sosu
- 1 yemek kaşığı soya sosu
- 1 yemek kaşığı kırmızı pul biber
- Taze kişniş yaprakları
- 2 bardak dana eti şeritleri
- 1 yemek kaşığı doğranmış frenk soğanı
- 2 su bardağı et suyu
- 1 çay kaşığı mısır nişastası
- 1 çay kaşığı kıyılmış sarımsak
- 2 yemek kaşığı susam yağı
- 2 bardak pirinç
- 2 bardak su

TALİMATLAR:
1. Bir wok alın.
2. Wok'a yağı, doğranmış sarımsağı, gochujang'ı, kırmızı biberi ve zencefili ekleyin.
3. Wok karışımına et suyunu ve sosları ekleyin.
4. Yemeği on dakika pişirin.
5. Sığır eti şeritlerini karışıma ekleyin.
6. Geri kalan malzemeleri ekleyin ve beş dakika pişirin.
7. Ocağın ısısını azaltın.
8. Yemeği beş dakika daha pişirin.
9. Bir sos tavası alın.
10. Suyu tavaya ekleyin.
11. Pirinci ekleyin ve yaklaşık on dakika kadar iyice pişirin.
12. Pirinci kaselere ekleyin.
13. Pişen karışımı üzerine ekleyin.
14. Taze soğanı tabağa ekleyin.
15. Yemeğiniz servise hazır.

VİETNAM PİRİNÇ KASESİ

48. Banh Mi Pirinç Kasesi

İÇİNDEKİLER:
- 2 su bardağı pişmiş pirinç
- 1 çay kaşığı balık sosu
- 1 su bardağı kıyılmış lahana
- 1 su bardağı doğranmış yeşil soğan
- 2 yemek kaşığı kıyılmış kişniş
- 1 su bardağı domuz bonfile parçaları
- 1 su bardağı salamura sebze
- 2 yemek kaşığı zeytinyağı
- 1 bardak sriracha mayonez
- Tatmak için tuz
- Tatmak için karabiber

TALİMATLAR:
1. Bir tava alın.
2. Tavaya yağı ekleyin.
3. Domuz eti, tuz ve karabiberi ekleyin.
4. Yaklaşık on dakika boyunca iyice pişirin.
5. d1 olduğunda bulaşıkları boşaltın.
6. Pirinci 2 kaseye bölün.
7. Domuz etini, salamura sebzeleri, sriracha mayonezi ve diğer malzemeleri üstüne ekleyin.
8. Üstünü kişniş ile süsleyin.
9. Yemeğiniz servise hazır.

49.Sığır Eti ve Çıtır Pilav

İÇİNDEKİLER:
- 2 su bardağı haşlanmış esmer pirinç
- 1 bardak sriracha sosu
- 1 yemek kaşığı balık sosu
- 1 su bardağı pişmiş dana eti şeritleri
- 1 yemek kaşığı pirinç sirkesi
- Tatmak için tuz
- Tatmak için karabiber
- 2 yemek kaşığı soya sosu
- 1 çay kaşığı ezilmiş sarımsak
- 2 yemek kaşığı yemeklik yağ

TALİMATLAR:
1. Bir tavaya yağı ekleyin.
2. Haşlanmış pirinci tavaya ekleyin.
3. Pirinci iyice karıştırın.
4. Çıtır çıtır olsun.
5. Yaklaşık on dakika pişirin.
6. Tüm sosları ve baharatları karışıma ekleyin.
7. Malzemeleri iyice karıştırın.
8. Bir kaseye çıtır pirinci ekleyin.
9. Pişmiş dana etini pirincin üzerine ekleyin.
10. Yemeğiniz servise hazır.

50.Tavuk ve Sirarcha Pirinç Kasesi

İÇİNDEKİLER:
- 2 su bardağı haşlanmış esmer pirinç
- 1 bardak sriracha sosu
- 1 yemek kaşığı balık sosu
- 1 su bardağı tavuk şeritleri
- 1 yemek kaşığı pirinç sirkesi
- Tatmak için tuz
- Tatmak için karabiber
- 2 yemek kaşığı soya sosu
- 1 çay kaşığı ezilmiş sarımsak
- 2 yemek kaşığı yemeklik yağ

TALİMATLAR:
1. Bir tavaya yağı ekleyin.
2. Tavaya sarımsak ekleyin.
3. Sarımsakları iyice karıştırın.
4. Çıtır çıtır olsun.
5. Tavuk parçalarını ekleyin.
6. Tüm sosları ve baharatları karışıma ekleyin.
7. Malzemeleri iyice karıştırın.
8. Pişen pirinci 2 kaseye paylaştırın.
9. Pişen tavuğu pirincin üzerine ekleyin.
10. Yemeğiniz servise hazır.

51.Limonlu Sığır Erişte Kasesi

İÇİNDEKİLER:

- 2 bardak erişte
- 2 bardak su
- 1 çay kaşığı balık sosu
- 1 bardak soğan
- 1 bardak su
- 2 yemek kaşığı kıyılmış sarımsak
- 2 yemek kaşığı kıyılmış zencefil
- 1/2 bardak kişniş
- 2 yemek kaşığı kurutulmuş limon otu
- 2 yemek kaşığı zeytinyağı
- 1 su bardağı et suyu
- 1 su bardağı dana eti şeritleri
- 1 su bardağı doğranmış domates

TALİMATLAR:

1. Bir tava alın.
2. Yağı ve soğanı ekleyin.
3. Soğanları yumuşayıp kokusu çıkana kadar pişirin.
4. Kıyılmış sarımsak ve zencefili ekleyin.
5. Karışımı pişirin ve içine domatesleri ekleyin.
6. Baharatları ekleyin.
7. İçine dana şeritlerini, et suyunu ve balık sosunu ekleyin.
8. Malzemeleri dikkatlice karıştırın ve tavanın kapağını kapatın.
9. On dakika pişirin.
10. Bir sos tavası alın.
11. Suyu tavaya ekleyin.
12. Erişteleri ekleyin ve yaklaşık on dakika kadar iyice pişirin.
13. Erişteleri 2 kaseye bölün.
14. Üzerine et karışımını ve kişnişi ekleyin.
15. Yemeğiniz servise hazır.

52.Sırlı Tavuklu Pilav Kasesi

İÇİNDEKİLER:

- 2 çay kaşığı pirinç şarabı
- 1/4 çay kaşığı balık sosu
- Karabiber
- Tuz
- 1 yemek kaşığı doğranmış zencefil
- 1 yemek kaşığı istiridye sosu
- 1 yemek kaşığı hafif soya sosu
- 1/2 su bardağı ince doğranmış taze soğan
- 2 çay kaşığı susam yağı
- 4 çay kaşığı koyu soya sosu
- 2 su bardağı soslu tavuk parçaları
- 2 su bardağı pişmiş pirinç

TALİMATLAR:

1. Büyük bir tava alın.
2. Kıyılmış zencefili tavaya ekleyin.
3. Pirinç şarabını tavaya ekleyin.
4. Karışımı yaklaşık on dakika, kavruluncaya kadar iyice pişirin.
5. Tavaya balık sosu, koyu soya sosu, istiridye sosu, hafif soya sosu, karabiber ve tuzu ekleyin.
6. Malzemeleri yaklaşık on beş dakika iyice pişirin.
7. Pirinci 2 kaseye ekleyin.
8. Pişen karışımı üzerine ekleyin.
9. Üzerine soslanmış tavuk parçalarını ekleyin.
10. Yemeğiniz servise hazır.

53.Sarımsaklı Karides Erişte Tarifi

İÇİNDEKİLER:

- 1 su bardağı pirinç eriştesi
- 1 çay kaşığı balık sosu
- 1 bardak soğan
- 1 bardak su
- 2 yemek kaşığı kıyılmış sarımsak
- 2 yemek kaşığı kıyılmış zencefil
- 1/2 bardak kişniş
- 2 yemek kaşığı yemeklik yağ
- 1 su bardağı karides parçası
- 1 su bardağı sebze suyu
- 1 su bardağı doğranmış domates

TALİMATLAR:

1. Bir tava alın.
2. Yağı ve soğanı ekleyin.
3. Soğanları yumuşayıp kokusu çıkana kadar pişirin.
4. Kıyılmış sarımsak ve zencefili ekleyin.
5. Karışımı pişirin ve içine domatesleri ekleyin.
6. Baharatları ekleyin.
7. Karides parçalarını içine ekleyin.
8. Malzemeleri dikkatlice karıştırın ve tavanın kapağını kapatın.
9. Pirinç eriştesini, balık sosunu ve diğer malzemeleri ekleyin.
10. On dakika pişirin.
11. 2 kaseye bölün.
12. Üstüne kişniş ekleyin.
13. Yemeğiniz servise hazır.

54.Tavuklu Dumpling Erişte Kasesi

İÇİNDEKİLER:
- 1 yemek kaşığı hafif soya sosu
- 1/2 su bardağı ince doğranmış taze soğan
- 2 çay kaşığı susam yağı
- 4 çay kaşığı koyu soya sosu
- 2 su bardağı haşlanmış tavuk köfte
- 2 su bardağı pişmiş erişte
- 2 çay kaşığı pirinç şarabı
- 1/4 çay kaşığı balık sosu
- Karabiber
- Tuz
- 1 yemek kaşığı doğranmış zencefil
- 1 yemek kaşığı istiridye sosu

TALİMATLAR:
1. Büyük bir tava alın.
2. Kıyılmış zencefili tavaya ekleyin.
3. Pirinç şarabını tavaya ekleyin.
4. Karışımı yaklaşık on dakika, kavruluncaya kadar iyice pişirin.
5. Tavaya balık sosu, koyu soya sosu, istiridye sosu, hafif soya sosu, karabiber ve tuzu ekleyin.
6. Malzemeleri yaklaşık on beş dakika iyice pişirin.
7. Erişteleri 2 kaseye ekleyin.
8. Pişen karışımı üzerine ekleyin.
9. Üzerine tavuklu köfteleri ekleyin.
10. Yemeğiniz servise hazır.

55.Tavuklu Pilav Kasesi

İÇİNDEKİLER:

- 2 yemek kaşığı kıyılmış sarımsak
- 2 yemek kaşığı kıyılmış zencefil
- 1/2 bardak kişniş
- 2 yemek kaşığı yemeklik yağ
- 1 su bardağı tavuk suyu
- 1 su bardağı tavuk parçaları
- 1 su bardağı doğranmış domates
- 2 bardak pirinç
- 2 bardak su
- 1 çay kaşığı balık sosu
- 1 bardak soğan
- 1 bardak su

TALİMATLAR:
1. Bir tava alın.
2. Yağı ve soğanı ekleyin.
3. Soğanları yumuşayıp kokusu çıkana kadar pişirin.
4. Kıyılmış sarımsak ve zencefili ekleyin.
5. Karışımı pişirin ve içine domatesleri ekleyin.
6. Baharatları ekleyin.
7. İçerisine tavuk parçalarını, tavuk suyunu ve balık sosunu ekleyin.
8. Malzemeleri dikkatlice karıştırın ve tavanın kapağını kapatın.
9. On dakika pişirin.
10. Bir sos tavası alın.
11. Tencereye suyu ekleyin.
12. Pirinci ekleyin ve yaklaşık on dakika kadar iyice pişirin.
13. Pirinçleri 2 kaseye bölün.
14. Üzerine tavuk karışımını ve kişnişi ekleyin.
15. Yemeğiniz servise hazır.

56.Baharatlı Dana Pirinç Kasesi

İÇİNDEKİLER:
- 1/2 bardak kişniş
- 2 yemek kaşığı kırmızı pul biber
- 2 yemek kaşığı zeytinyağı
- 1 su bardağı et suyu
- 1 su bardağı dana eti şeritleri
- 1 su bardağı doğranmış domates
- 2 su bardağı esmer pirinç
- 2 bardak su
- 1 çay kaşığı balık sosu
- 1 bardak soğan
- 1 bardak su
- 2 yemek kaşığı kıyılmış sarımsak
- 2 yemek kaşığı kıyılmış zencefil

TALİMATLAR:
1. Bir tava alın.
2. Yağı ve soğanı ekleyin.
3. Soğanları yumuşayıp kokusu çıkana kadar pişirin.
4. Kıyılmış sarımsak ve zencefili ekleyin.
5. Karışımı pişirin ve içine domatesleri ekleyin.
6. Baharatları ekleyin.
7. İçine dana şeritlerini, kırmızı pul biberi, et suyunu ve balık sosunu ekleyin.
8. Malzemeleri dikkatlice karıştırın ve tavanın kapağını kapatın.
9. On dakika pişirin.
10. Bir sos tavası alın.
11. Suyu tavaya ekleyin.
12. Kahverengi pirinci ekleyin ve yaklaşık on dakika kadar iyice pişirin.
13. Kahverengi pirinci 2 kaseye bölün.
14. Üzerine et karışımını ve kişnişi ekleyin.
15. Yemeğiniz servise hazır.

57.Karamelize Tavuk Kasesi

İÇİNDEKİLER:
- 1/2 su bardağı ince doğranmış taze soğan
- 2 çay kaşığı susam yağı
- 4 çay kaşığı koyu soya sosu
- 2 su bardağı pişmiş tavuk parçaları
- 2 yemek kaşığı şeker
- 2 su bardağı pişmiş pirinç
- 2 çay kaşığı pirinç şarabı
- 1/4 çay kaşığı balık sosu
- Karabiber
- Tuz
- 1 yemek kaşığı doğranmış zencefil
- 1 yemek kaşığı istiridye sosu
- 1 yemek kaşığı hafif soya sosu

TALİMATLAR:
1. Büyük bir tava alın.
2. Kıyılmış zencefili tavaya ekleyin.
3. Pirinç şarabını tavaya ekleyin.
4. Karışımı yaklaşık on dakika, kavruluncaya kadar iyice pişirin.
5. Tavaya balık sosu, koyu soya sosu, istiridye sosu, hafif soya sosu, karabiber ve tuzu ekleyin.
6. Malzemeleri yaklaşık on beş dakika iyice pişirin.
7. d1 olduğunda bulaşıkları boşaltın.
8. Tencereye şekeri ekleyin ve erimesini bekleyin.
9. Pişen tavuk parçalarını ekleyip iyice karıştırın.
10. Beş dakika pişirin.
11. Pirinci 2 kaseye ekleyin.
12. Pişen karışımı üzerine ekleyin.
13. Üzerine karamelize edilmiş tavuğu ekleyin.
14. Yemeğiniz servise hazır.

HİNT PİRİNÇ KASESİ

58.Tavuk Tikka Pirinç Kasesi

İÇİNDEKİLER:
- 1 su bardağı b1less tavuk parçaları
- 2 bardak pirinç
- 2 bardak su
- 2 yemek kaşığı kırmızı toz biber
- 1 çay kaşığı garam masala tozu
- 1 yemek kaşığı yemeklik yağ
- 2 yemek kaşığı tikka masala
- Tatmak için tuz
- Tatmak için karabiber
- 2 yemek kaşığı kişniş tozu
- 1 çay kaşığı kimyon tozu
- 1 çay kaşığı ezilmiş sarımsak

TALİMATLAR:
1. Bir sos tavası alın.
2. Tencereye suyu ekleyin.
3. Pirinci ekleyin ve yaklaşık on dakika kadar iyice pişirin.
4. Büyük bir tava alın.
5. Kıyılmış sarımsakları tavaya ekleyin.
6. Baharatları tavaya ekleyin.
7. Karışımı iyice kavruluncaya kadar yaklaşık on dakika kadar pişirin.
8. Tavuk parçalarını tavaya ekleyin.
9. Malzemeleri yaklaşık on beş dakika iyice pişirin.
10. Bir kaseye pirinci ekleyin.
11. Üzerine tavuk tikka karışımını ekleyin.
12. Yemeğiniz servise hazır.

59.Körili Kahverengi Pirinç Kasesi

İÇİNDEKİLER:
- 1/2 pound sebze
- 2 soğan
- 2 yemek kaşığı kanola yağı
- 1 su bardağı pişmiş esmer pirinç
- 2 bardak su
- 1 çay kaşığı zencefil
- 2 domates
- 4 diş sarımsak
- 2 yeşil biber
- Tatmak için tuz
- 1 çay kaşığı kırmızı köri biberi
- Tatmak için karabiber
- 1 çay kaşığı kişniş yaprağı
- 1/2 çay kaşığı garam masala
- 1 çay kaşığı siyah hardal tohumu
- 1 çay kaşığı kimyon tohumu

TALİMATLAR:
1. Bir tava alın ve içine yağı ekleyin.
2. Yağı ısıtın ve içine soğanları ekleyin.
3. Soğanları açık kahverengi oluncaya kadar kızartın.
4. Kimyon tohumlarını ve hardal tohumlarını tavaya ekleyin.
5. İyice kızartın ve tuz, karabiber ve yeşil biberleri ekleyin.
6. Zerdeçal, zencefil ve sarımsak dişlerini içine ekleyin.
7. Sebzeleri ve kırmızı köri biberini tavaya ekleyin.
8. İyice karıştırın ve on beş dakika pişirmeye devam edin.
9. Kahverengi pirinci bir kaseye ekleyin.
10. Hazırlanan karışımı üzerine ekleyin.
11. Süslemek için kişniş yapraklarını ve garam masalayı ekleyin.
12. Yemeğiniz servise hazır.

60.Peynirli Pirinç Kasesi

İÇİNDEKİLER:
- 1/2 pound karışık peynir
- 2 soğan
- 2 yemek kaşığı kanola yağı
- 1 su bardağı pişmiş esmer pirinç
- 2 bardak su
- 1 çay kaşığı zencefil
- 2 domates
- 4 diş sarımsak
- 2 yeşil biber
- Tatmak için tuz
- 1 çay kaşığı kırmızı köri biberi
- Tatmak için karabiber
- 1 çay kaşığı kişniş yaprağı
- 1/2 çay kaşığı garam masala
- 1 çay kaşığı siyah hardal tohumu
- 1 çay kaşığı kimyon tohumu

TALİMATLAR:
1. Bir tava alın ve içine yağı ekleyin.
2. Yağı ısıtın ve içine soğanları ekleyin.
3. Soğanları açık kahverengi oluncaya kadar kızartın.
4. Kimyon tohumlarını ve hardal tohumlarını tavaya ekleyin.
5. İyice kızartın ve tuz, karabiber ve yeşil biberleri ekleyin.
6. Zerdeçal, zencefil ve sarımsak dişlerini içine ekleyin.
7. Peyniri, pirinci ve kırmızı köri biberini tavaya ekleyin.
8. İyice karıştırın ve on beş dakika pişirmeye devam edin.
9. Kahverengi pirinci bir kaseye ekleyin.
10. Yemeğiniz servise hazır.

61.Hint Koyun Eti Körili Pirinç Kasesi

İÇİNDEKİLER:
- 1/2 pound koyun eti parçaları
- 2 soğan
- 2 yemek kaşığı kanola yağı
- 1 su bardağı pişmiş pirinç
- 2 bardak su
- 1 çay kaşığı zencefil
- 2 domates
- 4 diş sarımsak
- Altı yeşil biber
- Tatmak için tuz
- 1 çay kaşığı kırmızı köri biberi
- Tatmak için karabiber
- 1 çay kaşığı kişniş yaprağı
- 1/2 çay kaşığı garam masala
- 1 çay kaşığı siyah hardal tohumu
- 1 çay kaşığı kimyon tohumu

TALİMATLAR:
1. Bir tava alın ve içine yağı ekleyin.
2. Yağı ısıtın ve içine soğanları ekleyin.
3. Soğanları açık kahverengi oluncaya kadar kızartın.
4. Kimyon tohumlarını ve hardal tohumlarını tavaya ekleyin.
5. İyice kızartın ve tuz, karabiber ve yeşil biberleri ekleyin.
6. Zerdeçal, zencefil ve sarımsak dişlerini içine ekleyin.
7. Tavaya koyun eti ve kırmızı köri biberini ekleyin.
8. İyice karıştırın ve on beş dakika pişirmeye devam edin.
9. Pirinci bir kaseye ekleyin.
10. Hazırlanan karışımı üzerine ekleyin.
11. Süslemek için kişniş yapraklarını ve garam masalayı ekleyin.
12. Yemeğiniz servise hazır.

62.Hint Kremalı Köri Kasesi

İÇİNDEKİLER:
- 1/2 pound sebze
- 2 soğan
- 2 yemek kaşığı kanola yağı
- 1 su bardağı pişmiş pirinç
- 2 bardak su
- 1 çay kaşığı zencefil
- 2 domates
- 4 diş sarımsak
- 2 yeşil biber
- 1 bardak ağır krema
- Tatmak için tuz
- 1 çay kaşığı kırmızı köri biberi
- Tatmak için karabiber
- 1 çay kaşığı kişniş yaprağı
- 1/2 çay kaşığı garam masala
- 1 çay kaşığı siyah hardal tohumu
- 1 çay kaşığı kimyon tohumu

TALİMATLAR:
1. Bir tava alın ve içine yağı ekleyin.
2. Yağı ısıtın ve içine soğanları ekleyin.
3. Soğanları açık kahverengi oluncaya kadar kızartın.
4. Kimyon tohumlarını ve hardal tohumlarını tavaya ekleyin.
5. İyice kızartın ve tuz, karabiber ve yeşil biberleri ekleyin.
6. Zerdeçal, zencefil ve sarımsak dişlerini içine ekleyin.
7. Sebzeleri, kremayı ve kırmızı köri biberini tavaya ekleyin.
8. İyice karıştırın ve on beş dakika pişirmeye devam edin.
9. Pirinci bir kaseye ekleyin.
10. Hazırlanan karışımı üzerine ekleyin.
11. Süslemek için kişniş yapraklarını ve garam masalayı ekleyin.
12. Yemeğiniz servise hazır.

63.Hint Limonlu Pirinç Kasesi

İÇİNDEKİLER:
- 2 yemek kaşığı kanola yağı
- 1 bardak taze otlar
- 1 su bardağı dilimlenmiş limon
- 1 yemek kaşığı kırmızı toz biber
- 2 yemek kaşığı limon suyu
- 1 çay kaşığı sarımsak ve zencefil ezmesi
- 1 çay kaşığı pul biber
- 1/2 çay kaşığı kimyon tozu
- 1 yemek kaşığı kişniş tozu
- Tuz
- 2 su bardağı pişmiş pirinç

TALİMATLAR:
1. Bir tencere alın ve içine yağı ekleyin.
2. Yağı ısıtın ve içine limon parçalarını, tuzu ve karabiberi ekleyin.
3. Limon yumuşayana kadar birkaç dakika pişirin.
4. Sarımsak, zencefil ve kırmızı pul biberi içine ekleyin.
5. Karışımın kokusu çıkana kadar pişirin.
6. Baharatları karışıma ekleyip pişirin.
7. Pirinci 2 kaseye ekleyin.
8. Pişen karışımı 2 kaseye bölün.
9. Üzerine taze otları ekleyin.
10. Yemeğiniz servise hazır.

64. Hint Karnabahar Buda Kase

İÇİNDEKİLER:
- 1 su bardağı karnabahar çiçeği
- 2 bardak kinoa
- 2 bardak su
- 2 yemek kaşığı kırmızı toz biber
- 1 çay kaşığı garam masala tozu
- 1 yemek kaşığı yemeklik yağ
- 2 bardak ıspanak
- 2 su bardağı kırmızı dolmalık biber
- 1/2 bardak kızarmış kaju fıstığı
- Tatmak için tuz
- Tatmak için karabiber
- 2 yemek kaşığı kişniş tozu
- 1 çay kaşığı kimyon tozu
- 1 çay kaşığı ezilmiş sarımsak

TALİMATLAR:
1. Bir sos tavası alın.
2. Tencereye suyu ekleyin.
3. Kinoayı ekleyin ve yaklaşık on dakika kadar iyice pişirin.
4. Büyük bir tava alın.
5. Kıyılmış sarımsakları tavaya ekleyin.
6. Baharatları tavaya ekleyin.
7. Karışımı iyice kavruluncaya kadar yaklaşık on dakika kadar pişirin.
8. Tavaya ıspanak, karnabahar ve dolmalık biberi ekleyin.
9. Malzemeleri yaklaşık on beş dakika iyice pişirin.
10. Kinoayı bir kaseye ekleyin.
11. Masala karnabaharını üstüne ekleyin.
12. Kavrulmuş kaju fıstıklarını karnabaharın üzerine ekleyin.
13. Yemeğiniz servise hazır.

65.Hint Izgara Mercimek Kasesi

İÇİNDEKİLER:

- 2 yemek kaşığı kanola yağı
- 1 bardak taze otlar
- 1 yemek kaşığı kırmızı toz biber
- 2 su bardağı ızgara mercimek
- 1 çay kaşığı sarımsak ve zencefil ezmesi
- 1 çay kaşığı pul biber
- 1/2 çay kaşığı kimyon tozu
- 1 yemek kaşığı kişniş tozu
- Tuz
- 1/2 bardak nane sosu
- 2 su bardağı pişmiş pirinç

TALİMATLAR:

1. Bir tencere alın ve içine yağı ekleyin.
2. Yağı ısıtın ve içine ızgara mercimeği, tuzu ve karabiberi ekleyin.
3. Sarımsak, zencefil ve kırmızı pul biberi içine ekleyin.
4. Karışımın kokusu çıkana kadar pişirin.
5. Karışıma baharatları ekleyip pişirin.
6. Pirinci 2 kaseye ekleyin.
7. Pişen karışımı 2 kaseye bölün.
8. Üzerine taze otları ve nane sosunu ekleyin.
9. Yemeğiniz servise hazır.

66. Hint Tavuklu Pirinç Kasesi

İÇİNDEKİLER:
- 1/2 pound tavuk parçaları
- 2 soğan
- 2 yemek kaşığı kanola yağı
- 1 su bardağı pişmiş pirinç
- 2 bardak su
- 1 çay kaşığı zencefil
- 2 domates
- 4 diş sarımsak
- Altı yeşil biber
- Tatmak için tuz
- 1 çay kaşığı kırmızı köri biberi
- Tatmak için karabiber
- 1 çay kaşığı kişniş yaprağı
- 1/2 çay kaşığı garam masala
- 1 çay kaşığı siyah hardal tohumu
- 1 çay kaşığı kimyon tohumu

TALİMATLAR:
1. Bir tava alın ve içine yağı ekleyin.
2. Yağı ısıtın ve içine soğanları ekleyin.
3. Soğanları açık kahverengi oluncaya kadar kızartın.
4. Kimyon tohumlarını ve hardal tohumlarını tavaya ekleyin.
5. İyice kızartın ve tuz, karabiber ve yeşil biberleri ekleyin.
6. Zerdeçal, zencefil ve sarımsak dişlerini içine ekleyin.
7. Tavuğu ve kırmızı köri biberini tavaya ekleyin.
8. İyice karıştırın ve on beş dakika pişirmeye devam edin.
9. Pirinci bir kaseye ekleyin.
10. Hazırlanan karışımı üzerine ekleyin.
11. Süslemek için kişniş yapraklarını ve garam masalayı ekleyin.
12. Yemeğiniz servise hazır.

67.Hint Kırmızı Pirinç Kasesi

İÇİNDEKİLER:

- 1/2 pound kırmızı pirinç
- 2 soğan
- 2 yemek kaşığı kanola yağı
- 2 bardak su
- 1 çay kaşığı zencefil
- 2 domates
- 4 diş sarımsak
- Altı yeşil biber
- Tatmak için tuz
- 1 çay kaşığı kırmızı köri biberi
- Tatmak için karabiber
- 1 çay kaşığı kişniş yaprağı
- 1/2 çay kaşığı garam masala
- 1 çay kaşığı kimyon tohumu

TALİMATLAR:

1. Bir tava alın ve içine yağı ekleyin.
2. Yağı ısıtın ve içine soğanları ekleyin.
3. Soğanları açık kahverengi oluncaya kadar kızartın.
4. Kimyon tohumlarını tavaya ekleyin.
5. İyice kızartın ve tuz, karabiber ve yeşil biberleri ekleyin.
6. Zerdeçal, zencefil ve sarımsak dişlerini içine ekleyin.
7. Kırmızı pirinci ve kırmızı köri biberini tavaya ekleyin.
8. İyice karıştırın ve on beş dakika pişirmeye devam edin.
9. Pirinci bir kaseye ekleyin.
10. Süslemek için kişniş yapraklarını ve garam masalayı ekleyin.
11. Yemeğiniz servise hazır.

68. Hindistan Cevizli Etli Pirinç Kasesi

İÇİNDEKİLER:
- 1/2 kiloluk sığır eti parçaları
- 2 soğan
- 2 yemek kaşığı kanola yağı
- 1 su bardağı pişmiş pirinç
- 2 bardak su
- 1 çay kaşığı zencefil
- 2 domates
- 4 diş sarımsak
- Altı yeşil biber
- Tatmak için tuz
- 1 çay kaşığı kırmızı köri biberi
- Tatmak için karabiber
- 1 çay kaşığı kişniş yaprağı
- 1/2 çay kaşığı garam masala
- 1 çay kaşığı kurutulmuş hindistan cevizi tozu
- 1 çay kaşığı kimyon tohumu

TALİMATLAR:
1. Bir tava alın ve içine yağı ekleyin.
2. Yağı ısıtın ve içine soğanları ekleyin.
3. Soğanları açık kahverengi oluncaya kadar kızartın.
4. Kimyon tohumlarını tavaya ekleyin.
5. İyice kızartın ve tuz, karabiber ve yeşil biberleri ekleyin.
6. Zerdeçal, zencefil ve sarımsak dişlerini içine ekleyin.
7. Tavaya dana etini ve kırmızı köri biberini ekleyin.
8. İyice karıştırın ve on beş dakika pişirmeye devam edin.
9. Bir kaseye pirinci ve kurutulmuş hindistan cevizini ekleyin.
10. Hazırlanan karışımı üzerine ekleyin.
11. Süslemek için kişniş yapraklarını ve garam masalayı ekleyin.
12. Yemeğiniz servise hazır.

69.Tandır Tavuk Kasesi

İÇİNDEKİLER:
- 1 su bardağı b1less tavuk parçaları
- 2 bardak pirinç
- 2 bardak su
- 2 yemek kaşığı kırmızı toz biber
- 1 çay kaşığı garam masala tozu
- 1 yemek kaşığı yemeklik yağ
- 2 yemek kaşığı tandır masala
- Tatmak için tuz
- Tatmak için karabiber
- 2 yemek kaşığı kişniş tozu
- 1 çay kaşığı kimyon tozu
- 1 çay kaşığı ezilmiş sarımsak

TALİMATLAR:
1. Bir sos tavası alın.
2. Tencereye suyu ekleyin.
3. Pirinci ekleyin ve yaklaşık on dakika kadar iyice pişirin.
4. Büyük bir tava alın.
5. Kıyılmış sarımsakları tavaya ekleyin.
6. Baharatları tavaya ekleyin.
7. Karışımı iyice kavruluncaya kadar yaklaşık on dakika kadar pişirin.
8. Tavuk parçalarını tavaya ekleyin.
9. Malzemeleri yaklaşık on beş dakika iyice pişirin.
10. Bir kaseye pirinci ekleyin.
11. Tandır tavuk karışımını üstüne ekleyin.
12. Yemeğiniz servise hazır.

70.Zerdeçal Paneer ve Pirinç Kasesi

İÇİNDEKİLER:
- 2 bardak doğranmış tofu
- 2 bardak pirinç
- 2 bardak su
- 2 yemek kaşığı zerdeçal tozu
- 1 çay kaşığı garam masala tozu
- 1 yemek kaşığı yemeklik yağ
- Tatmak için tuz
- Tatmak için karabiber
- 2 yemek kaşığı taze otlar
- 1 çay kaşığı kimyon tozu
- 1 çay kaşığı ezilmiş sarımsak

TALİMATLAR:
1. Bir sos tavası alın.
2. Tencereye suyu ekleyin.
3. Pirinci ekleyin ve yaklaşık on dakika kadar iyice pişirin.
4. Büyük bir tava alın.
5. Kıyılmış sarımsakları tavaya ekleyin.
6. Baharatları tavaya ekleyin.
7. Karışımı iyice kavruluncaya kadar yaklaşık on dakika kadar pişirin.
8. Tavaya tofuyu ve otları ekleyin.
9. Malzemeleri yaklaşık beş dakika iyice pişirin.
10. Bir kaseye pirinci ekleyin.
11. Zerdeçallı tofu karışımını üstüne ekleyin.
12. Yemeğiniz servise hazır.

71.Paneer Köri Kasesi

İÇİNDEKİLER:
- 1/2 pound tofu parçaları
- 2 soğan
- 2 yemek kaşığı kanola yağı
- 1 su bardağı pişmiş pirinç
- 2 bardak su
- 1 çay kaşığı zencefil
- 2 domates
- 4 diş sarımsak
- Altı yeşil biber
- Tatmak için tuz
- 1 çay kaşığı kırmızı köri biberi
- Tatmak için karabiber
- 1 çay kaşığı kişniş yaprağı
- 1/2 çay kaşığı garam masala
- 1 çay kaşığı siyah hardal tohumu
- 1 çay kaşığı kimyon tohumu

TALİMATLAR:
1. Bir tava alın ve içine yağı ekleyin.
2. Yağı ısıtın ve içine soğanları ekleyin.
3. Soğanları açık kahverengi oluncaya kadar kızartın.
4. Kimyon tohumlarını ve hardal tohumlarını tavaya ekleyin.
5. İyice kızartın ve tuz, karabiber ve yeşil biberleri ekleyin.
6. Zerdeçal, zencefil ve sarımsak dişlerini içine ekleyin.
7. Tofuyu ve kırmızı köri biberini tavaya ekleyin.
8. İyice karıştırın ve on beş dakika pişirmeye devam edin.
9. Pirinci bir kaseye ekleyin.
10. Hazırlanan karışımı üzerine ekleyin.
11. Süslemek için kişniş yapraklarını ve garam masalayı ekleyin.
12. Yemeğiniz servise hazır.

72.Nohut Chaat Kase

İÇİNDEKİLER:
- Bir su bardağı doğranmış soğan
- 2 yemek kaşığı chaat masala karışımı
- Bir bardak beyaz nohut
- 1/2 bardak nane turşusu
- 1 yemek kaşığı yeşil biber
- 1/2 bardak demirhindi sosu
- 1/2 bardak papa

TALİMATLAR:
1. Nohutları su dolu geniş bir tencerede haşlayın.
2. Haşlandıktan sonra suyunu süzün.
3. Bir kaseye ekleyin.
4. Geri kalan malzemeleri kaseye ekleyin.
5. Yemek servise hazırdır.

TAY PİRİNÇ KASESİ

73.Somon Buda Kase

İÇİNDEKİLER:

- 1 su bardağı balık suyu
- 2 su bardağı somon parçası
- 1 çay kaşığı kıyılmış sarımsak
- 2 yemek kaşığı bitkisel yağ
- 1 yemek kaşığı kuru üzüm sosu
- 1 yemek kaşığı sriracha sosu
- 1/2 bardak doğranmış kereviz
- 1 çay kaşığı pirinç şarabı
- 2 su bardağı pişmiş pirinç
- 1 çay kaşığı taze zencefil
- 2 yemek kaşığı taze otlar
- 1 yemek kaşığı balık sosu
- 1 yemek kaşığı soya sosu
- 1/2 çay kaşığı Tay beş baharatı

TALİMATLAR:

1. Bir wok alın.
2. Wok'a kuru üzüm sosunu, sriracha sosunu, doğranmış sarımsağı, Tay baharatını ve zencefili ekleyin.
3. Balık suyunu ve sosları wok karışımına ekleyin.
4. Yemeği on dakika pişirin.
5. Somon parçalarını karışıma ekleyin.
6. Somonu iyice karıştırıp beş dakika pişirin.
7. Malzemeleri iyice pişirin ve diğer malzemelerle karıştırın.
8. Ocağın ısısını azaltın.
9. Yemeği on beş dakika daha pişirin.
10. Pişmiş pirinci bir kaseye ekleyin.
11. Pişen karışımı üzerine ekleyin.
12. Taze otlarla süsleyin.
13. Yemeğiniz servise hazır.

74.Baharatlı Kahverengi Pirinç Kasesi

İÇİNDEKİLER:

- 1 yemek kaşığı balık sosu
- 1 yemek kaşığı soya sosu
- 1/2 çay kaşığı Tay beş baharatı
- 1/4 bardak fıstık
- 1 çay kaşığı kıyılmış sarımsak
- 2 yemek kaşığı bitkisel yağ
- 1 yemek kaşığı kuru üzüm sosu
- 1 yemek kaşığı sriracha sosu
- 1/2 bardak doğranmış kereviz
- 1 çay kaşığı pirinç şarabı
- 2 su bardağı pişmiş kahverengi pirinç
- 1 çay kaşığı taze zencefil
- 2 yemek kaşığı taze otlar

TALİMATLAR:

1. Bir wok alın.
2. Wok'a kuru üzüm sosunu, sriracha sosunu, doğranmış sarımsağı, Tay baharatını ve zencefili ekleyin.
3. Sosları wok karışımına ekleyin.
4. Yemeği on dakika pişirin.
5. Kahverengi pirinci karışıma ekleyin.
6. Malzemeleri iyice pişirin ve diğer malzemelerle karıştırın.
7. Ocağın ısısını azaltın.
8. Yemeği on beş dakika daha pişirin.
9. Pişmiş kahverengi pirinci bir kaseye ekleyin.
10. Üzerine fıstıkları ekleyin.
11. Taze otlarla süsleyin.
12. Yemeğiniz servise hazır.

75.Fıstık Karides Kaseleri

İÇİNDEKİLER:

- 1 yemek kaşığı balık sosu
- 1 yemek kaşığı soya sosu
- 1/2 çay kaşığı Tay beş baharatı
- 1/4 bardak fıstık
- 1 su bardağı balık suyu
- 2 bardak karides parçası
- 1 çay kaşığı kıyılmış sarımsak
- 2 yemek kaşığı bitkisel yağ
- 1 yemek kaşığı kuru üzüm sosu
- 1 yemek kaşığı sriracha sosu
- 1/2 bardak doğranmış kereviz
- 1 çay kaşığı pirinç şarabı
- 2 su bardağı pişmiş pirinç
- 1 çay kaşığı taze zencefil
- 2 yemek kaşığı taze otlar

TALİMATLAR:

1. Bir wok alın.
2. Wok'a kuru üzüm sosunu, sriracha sosunu, doğranmış sarımsağı, Tay baharatını ve zencefili ekleyin.
3. Balık suyunu ve sosları wok karışımına ekleyin.
4. Yemeği on dakika pişirin.
5. Karides parçalarını ve fıstıkları karışıma ekleyin.
6. Karidesleri iyice karıştırın ve beş dakika pişirin.
7. Malzemeleri iyice pişirin ve diğer malzemelerle karıştırın.
8. Ocağın ısısını azaltın.
9. Yemeği on beş dakika daha pişirin.
10. Pişmiş pirinci bir kaseye ekleyin.
11. Pişen karışımı üzerine ekleyin.
12. Taze otlarla süsleyin.
13. Yemeğiniz servise hazır.

76.Fesleğenli Dana Kasesi

İÇİNDEKİLER:
- 1 yemek kaşığı kuru üzüm sosu
- 1 yemek kaşığı sriracha sosu
- 1/2 bardak doğranmış kereviz
- 1 çay kaşığı pirinç şarabı
- 2 su bardağı pişmiş pirinç
- 1 çay kaşığı taze zencefil
- 2 yemek kaşığı taze otlar
- 1 yemek kaşığı balık sosu
- 1 yemek kaşığı soya sosu
- 1/2 çay kaşığı Tay beş baharatı
- 1 su bardağı dana eti şeritleri
- 1 su bardağı et suyu
- 2 su bardağı kıyılmış fesleğen
- 1 çay kaşığı kıyılmış sarımsak
- 2 yemek kaşığı bitkisel yağ

TALİMATLAR:
1. Bir wok alın.
2. Wok'a kuru üzüm sosunu, sriracha sosunu, doğranmış sarımsağı, Tay baharatını ve zencefili ekleyin.
3. Wok karışımına et suyunu ve sosları ekleyin.
4. Yemeği on dakika pişirin.
5. Sığır parçalarını ve fesleğenleri karışıma ekleyin.
6. Eti iyice karıştırıp on beş dakika pişirin.
7. Pişen pirinci bir kaseye ekleyin.
8. Pişen karışımı üzerine ekleyin.
9. Taze otlarla süsleyin.
10. Yemeğiniz servise hazır.

77.Hindistan Cevizi Umami Kasesi

İÇİNDEKİLER:

- 1 yemek kaşığı kuru üzüm sosu
- 1 yemek kaşığı sriracha sosu
- 1/2 bardak doğranmış kereviz
- 1 çay kaşığı pirinç şarabı
- 2 su bardağı pişmiş pirinç
- 1 çay kaşığı taze zencefil
- 2 yemek kaşığı taze otlar
- 1 yemek kaşığı balık sosu
- 1 yemek kaşığı soya sosu
- 1/2 çay kaşığı Tay beş baharatı
- 1/4 bardak hindistan cevizi tozu
- 2 su bardağı hindistan cevizi kreması
- 2 su bardağı tavuk parçaları
- 2 su bardağı sebze salatası
- 1 çay kaşığı kıyılmış sarımsak
- 2 yemek kaşığı bitkisel yağ

TALİMATLAR:

1. Bir wok alın.
2. Wok'a kuru üzüm sosunu, sriracha sosunu, doğranmış sarımsağı, Tay baharatını ve zencefili ekleyin.
3. Sosları wok karışımına ekleyin.
4. Yemeği on dakika pişirin.
5. Tavuk parçalarını karışıma ekleyin.
6. Tavuğu iyice karıştırıp beş dakika pişirin.
7. Pirinci bir kaseye ekleyin.
8. Pişen karışımı üzerine ekleyin.
9. Salata sebzelerini ve Hindistan cevizi kremasını üstüne ekleyin.
10. Taze otlarla süsleyin.
11. Yemeğiniz servise hazır.

78.Ton Balıklı Güç Kasesi

İÇİNDEKİLER:

- 1 yemek kaşığı kuru üzüm sosu
- 1 yemek kaşığı sriracha sosu
- 1/2 bardak doğranmış kereviz
- 1 çay kaşığı pirinç şarabı
- 2 su bardağı pişmiş kırmızı pirinç
- 1 çay kaşığı taze zencefil
- 2 yemek kaşığı taze otlar
- 1 yemek kaşığı balık sosu
- 1 yemek kaşığı soya sosu
- 1/2 çay kaşığı Tay beş baharatı
- 1 su bardağı karışık sebze
- 2 yemek kaşığı hindistan cevizi kreması
- 1 su bardağı balık suyu
- 2 bardak ton balığı parçaları
- 1 çay kaşığı kıyılmış sarımsak
- 2 yemek kaşığı bitkisel yağ

TALİMATLAR:

1. Bir wok alın.
2. Wok'a kuru üzüm sosunu, sriracha sosunu, doğranmış sarımsağı, Tay baharatını ve zencefili ekleyin.
3. Balık suyunu ve sosları wok karışımına ekleyin.
4. Yemeği on dakika pişirin.
5. Ton balığı parçalarını karışıma ekleyin.
6. Ton balığını iyice karıştırın ve beş dakika pişirin.
7. Malzemeleri iyice pişirin ve diğer malzemelerle karıştırın.
8. Ocağın ısısını azaltın.
9. Yemeği on beş dakika daha pişirin.
10. Hindistan cevizi kremasını ekleyin ve iyice karıştırın.
11. Pirinci bir kaseye ekleyin.
12. Pişen karışımı üzerine ekleyin.
13. Taze otlarla süsleyin.
14. Yemeğiniz servise hazır.

79.Mango Erişte Kasesi

İÇİNDEKİLER:

- 1 yemek kaşığı kuru üzüm sosu
- 1 yemek kaşığı soya sosu
- 1/2 bardak doğranmış kereviz
- 1/2 bardak dilimlenmiş yeşil soğan
- 1 çay kaşığı pirinç şarabı
- 1 çay kaşığı taze zencefil
- 1 yemek kaşığı balık sosu
- 1 yemek kaşığı soya sosu
- 1/2 çay kaşığı Tay karışımı baharatı
- 2 yemek kaşığı doğranmış kırmızı biber
- 1/2 bardak bambu filizi
- 1/2 bardak taze kişniş yaprağı
- 1/4 bardak taze fesleğen yaprağı
- 2 bardak mango parçası
- 1/2 su bardağı kıyılmış fesleğen yaprağı
- 1 çay kaşığı kıyılmış sarımsak
- 2 yemek kaşığı bitkisel yağ
- Pirinç eriştesi

TALİMATLAR:

1. Bir wok alın.
2. Wok'a yağı, kuru üzüm sosunu, soya sosunu, doğranmış sarımsağı, Tay baharatını, doğranmış kırmızı biberi, fesleğen yapraklarını ve zencefili ekleyin.
3. Sosları wok karışımına ekleyin.
4. Yemeği on dakika pişirin.
5. Mango parçalarını karışıma ekleyin.
6. Mangoyu iyice karıştırın ve beş dakika pişirin.
7. Kıyılmış fesleğen yapraklarını ve suyu tavaya ekleyin.
8. Pirinç eriştelerini kaynar su dolu bir tencerede haşlayın.
9. Pirinç eriştelerini süzün ve wok'a ekleyin.
10. Yemeği on beş dakika daha pişirin.
11. 4 kaseye bölün.
12. Kişnişi tabağa ekleyin.
13. Yemeğiniz servise hazır.

80.Fıstıklı ve Kabaklı Erişte Kasesi

İÇİNDEKİLER:

- 2 çay kaşığı pirinç şarabı
- 1 su bardağı pişmiş pirinç
- 2 çay kaşığı kırmızı köri ezmesi
- 1/2 çay kaşığı zerdeçal tozu
- Tatmak için karabiber
- Tatmak için tuz
- 1 yemek kaşığı doğranmış zencefil
- 1 yemek kaşığı kıyılmış sarımsak
- 1/2 su bardağı ince doğranmış taze soğan
- 2 yemek kaşığı yemeklik yağ
- 4 çay kaşığı koyu soya sosu
- 2 su bardağı kabak parçaları
- 1 su bardağı fıstık sosu

TALİMATLAR:

1. Büyük bir tava alın.
2. Yağı bir tavada ısıtın.
3. Kıyılmış zencefili ve sarımsağı tavaya ekleyin.
4. Kabağı ve pirinç şarabını ekleyip rengi değişene kadar karıştırarak kavurun.
5. Karışımı iyice kavruluncaya kadar yaklaşık on dakika kadar pişirin.
6. Tavaya fıstık sosu, pudra şekeri, beyaz biber, zerdeçal tozu, kırmızı köri ezmesi, koyu soya sosu, karabiber ve tuzu ekleyin.
7. Geri kalan malzemeleri karışıma ekleyin.
8. Malzemeleri yaklaşık on beş dakika iyice pişirin.
9. Pirinci 2 kaseye ekleyin.
10. Üzerine kırmızı köriyi ekleyin.
11. Doğranmış taze soğanla süsleyin.
12. Yemeğiniz servise hazır.

81.Baharatlı Karides Kasesi

İÇİNDEKİLER:
- 1 yemek kaşığı balık sosu
- 1 yemek kaşığı soya sosu
- 1/2 çay kaşığı Tay beş baharatı
- 1 bardak karides
- 2 yemek kaşığı Tay yeşil biberi
- 1 çay kaşığı kıyılmış sarımsak
- 2 yemek kaşığı bitkisel yağ
- 1 yemek kaşığı kuru üzüm sosu
- 1 yemek kaşığı sriracha sosu
- 1/2 bardak doğranmış kereviz
- 1 çay kaşığı pirinç şarabı
- 2 su bardağı pişmiş kahverengi pirinç
- 1 çay kaşığı taze zencefil
- 2 yemek kaşığı taze otlar

TALİMATLAR:
1. Bir wok alın.
2. Wok'a kuru üzüm sosunu, sriracha sosunu, Tay yeşil biberlerini, doğranmış sarımsağı, Tay baharatını ve zencefili ekleyin.
3. Wok karışımına sosları ve karidesleri ekleyin.
4. Yemeği on dakika pişirin.
5. Kahverengi pirinci karışıma ekleyin.
6. Yemeği on beş dakika daha pişirin.
7. Pişmiş kahverengi pirinci bir kaseye ekleyin.
8. Taze otlarla süsleyin.
9. Yemeğiniz servise hazır.

82.Pirinç Kasesi

İÇİNDEKİLER:

- 2 çay kaşığı pirinç şarabı
- 1 su bardağı pişmiş pirinç
- 2 çay kaşığı kırmızı köri ezmesi
- 1/2 çay kaşığı zerdeçal tozu
- Tatmak için karabiber
- Tatmak için tuz
- 1 yemek kaşığı doğranmış zencefil
- 1 yemek kaşığı kıyılmış sarımsak
- 1/2 su bardağı ince doğranmış taze soğan
- 2 yemek kaşığı zeytinyağı
- 4 çay kaşığı koyu soya sosu
- 1 bardak hindistan cevizi sütü

TALİMATLAR:

1. Büyük bir tava alın.
2. Yağı bir tavada ısıtın.
3. Kıyılmış zencefili ve sarımsağı tavaya ekleyin.
4. Pirinç şarabını ekleyin ve rengi değişene kadar karıştırarak kavurun.
5. Karışımı iyice kavruluncaya kadar yaklaşık on dakika kadar pişirin.
6. Tavaya hindistan cevizi sütü, pudra şekeri, beyaz biber, zerdeçal tozu, kırmızı köri ezmesi, koyu soya sosu, karabiber ve tuzu ekleyin.
7. Geri kalan malzemeleri karışıma ekleyin.
8. Malzemeleri yaklaşık on beş dakika iyice pişirin.
9. Pirinci 2 kaseye ekleyin.
10. Üzerine kırmızı köriyi ekleyin.
11. Doğranmış taze soğanla süsleyin.
12. Yemeğiniz servise hazır.

83.Domuz eti pilav kasesi

İÇİNDEKİLER:

- 1 yemek kaşığı balık sosu
- 1 yemek kaşığı soya sosu
- 1/2 çay kaşığı Tay beş baharatı
- 1 bardak domuz eti
- 1 çay kaşığı kıyılmış sarımsak
- 2 yemek kaşığı bitkisel yağ
- 1 yemek kaşığı kuru üzüm sosu
- 1 yemek kaşığı sriracha sosu
- 1/2 bardak doğranmış kereviz
- 1 çay kaşığı pirinç şarabı
- 2 su bardağı pişmiş kahverengi pirinç
- 1 çay kaşığı taze zencefil
- 2 yemek kaşığı taze otlar

TALİMATLAR:

1. Bir wok alın.
2. Wok'a kuru üzüm sosunu, sriracha sosunu, doğranmış sarımsağı, Tay baharatını ve zencefili ekleyin.
3. Wok karışımına sosları ve domuz etini ekleyin.
4. Yemeği on dakika pişirin.
5. Kahverengi pirinci karışıma ekleyin.
6. Malzemeleri iyice pişirin ve diğer malzemelerle karıştırın.
7. Yemeği on beş dakika daha pişirin.
8. Pişmiş kahverengi pirinci bir kaseye ekleyin.
9. Taze otlarla süsleyin.
10. Yemeğiniz servise hazır.

84.Tatlı Patates Buda Kasesi

İÇİNDEKİLER:

- 2 su bardağı tatlı patates parçaları
- 1 çay kaşığı kıyılmış sarımsak
- 2 yemek kaşığı bitkisel yağ
- 1 yemek kaşığı kuru üzüm sosu
- 1 yemek kaşığı sriracha sosu
- 1/2 bardak doğranmış kereviz
- 1 çay kaşığı pirinç şarabı
- 2 su bardağı pişmiş pirinç
- 1 çay kaşığı taze zencefil
- 2 yemek kaşığı taze otlar
- 1 yemek kaşığı balık sosu
- 1 yemek kaşığı soya sosu
- 1/2 çay kaşığı Tay beş baharatı

TALİMATLAR:

1. Bir wok alın.
2. Wok'a kuru üzüm sosunu, sriracha sosunu, doğranmış sarımsağı, Tay baharatını ve zencefili ekleyin.
3. Sosları wok karışımına ekleyin.
4. Yemeği on dakika pişirin.
5. Tatlı patates parçalarını karışıma ekleyin.
6. Tatlı patatesi iyice karıştırıp on beş dakika pişirin.
7. Pişen pirinci bir kaseye ekleyin.
8. Pişen karışımı üzerine ekleyin.
9. Taze otlarla süsleyin.
10. Yemeğiniz servise hazır.

85.Tavuk Satay Kasesi

İÇİNDEKİLER:
- 1 yemek kaşığı kuru üzüm sosu
- 1 yemek kaşığı sriracha sosu
- 1/2 bardak doğranmış kereviz
- 1 çay kaşığı pirinç şarabı
- 2 su bardağı pişmiş pirinç
- 1 çay kaşığı taze zencefil
- 2 yemek kaşığı taze otlar
- 1 yemek kaşığı balık sosu
- 1 yemek kaşığı soya sosu
- 1/2 çay kaşığı Tay beş baharatı
- 1 bardak satay sosu
- 2 su bardağı tavuk parçaları
- 1 çay kaşığı kıyılmış sarımsak
- 2 yemek kaşığı bitkisel yağ

TALİMATLAR:
1. Bir wok alın.
2. Wok'a kuru üzüm sosunu, sriracha sosunu, doğranmış sarımsağı, Tay baharatını ve zencefili ekleyin.
3. Wok karışımına satay sosunu ve diğer sosları ekleyin.
4. Yemeği on dakika pişirin.
5. Tavuk parçalarını karışıma ekleyin.
6. Tavuğu iyice karıştırıp on beş dakika pişirin.
7. Pişen pirinci bir kaseye ekleyin.
8. Pişen karışımı üzerine ekleyin.
9. Taze otlarla süsleyin.
10. Yemeğiniz servise hazır.

86.Tavuk ve Mısır Tavada Kızartma

İÇİNDEKİLER:

- 3 yemek kaşığı. istiridye sosu
- 1 yemek kaşığı. unseas1d pirinç sirkesi
- 1 çay kaşığı. kavrulmuş susam yağı
- 4 derisiz, b1less tavuk budu (yaklaşık 1 lb.), 1 inçlik parçalar halinde kesilmiş
- Kaşer tuzu
- 2 yemek kaşığı. Mısır nişastası
- 4 yemek kaşığı. bitkisel yağ, bölünmüş
- ½ küçük kırmızı soğan, dilimlenmiş
- 4 diş sarımsak, dilimlenmiş
- 1" parça zencefil, soyulmuş, ince doğranmış
- ½ çay kaşığı. (veya daha fazla) Halep usulü biber veya diğer hafif şili pulları
- 3 koçan mısır, koçandan kesilmiş çekirdekler
- Buharda pişirilmiş pirinç ve narin saplı kişniş yaprakları (servis için)

TALİMATLAR:

a) İstiridye sosu, sirke, susam yağı ve 2 yemek kaşığı birlikte karıştırın. küçük bir kapta su. Bir kenara koyun.

b) Tavukları orta boy bir kaseye koyun. Tuzla tatlandırın ve mısır nişastası serpin; kaplamak için hafifçe fırlatın. 2 yemek kaşığı ısıtın. orta-yüksek sıcaklıkta, büyük bir deniz1d wok veya yapışmaz tavada bitkisel yağ. Tavuğu ara sıra karıştırarak, altın rengi kahverengi olana ve neredeyse tamamen pişene kadar 6-8 dakika pişirin. Kırmızı soğan, sarımsak, zencefil, Halep biberi ve kalan 2 yemek kaşığı ekleyin. yağ. Sebzeler yumuşayana kadar yaklaşık 2 dakika kadar karıştırarak pişirin. Mısır ekleyin ve sık sık karıştırarak yumuşayana kadar yaklaşık 3 dakika pişirin.

c) Ayrılmış istiridye sosu karışımını karıştırın ve sık sık karıştırarak, neredeyse sır haline gelinceye kadar yaklaşık 2 dakika pişirin. Gerekirse tuzla tatlandırın ve baharatlayın.

ç) Kızartmayı pirinçle, üstüne kişnişle birlikte servis yapın.

Suşi Kaseleri

87.Yapısız Kaliforniya Rulo Suşi Kasesi

İÇİNDEKİLER:

- 1 bardak suşi pirinci, pişmiş
- 1/2 bardak taklit yengeç veya gerçek yengeç, kıyılmış
- 1/2 avokado, dilimlenmiş
- 1/4 salatalık, jülyen doğranmış
- Garnitür için susam tohumları
- Üzeri için Nori şeritleri
- Servis için soya sosu ve zencefil turşusu

TALİMATLAR:
1. Pişmiş suşi pirincini bir kaseye yayın.
2. Üzerine rendelenmiş yengeç, avokado dilimleri ve jülyen doğranmış salatalığı yerleştirin.
3. Süslemek için susam serpin.
4. Nori şeritleri ile üst.
5. Yanında soya sosu ve zencefil turşusu ile servis yapın.
6. Yeniden yapılandırılmış California rulo suşi kasesinin tadını çıkarın!

88.Yapısız Baharatlı Ton Balıklı Suşi Kasesi

İÇİNDEKİLER:

- 1 bardak suşi pirinci, pişmiş
- 1/2 bardak baharatlı ton balığı, doğranmış
- 1/4 bardak edamame fasulyesi, buğulanmış
- 1/4 bardak turp, ince dilimlenmiş
- Çiseleyen yağmurlama için Sriracha mayonez
- Garnitür için avokado dilimleri
- Üzeri için susam tohumları

TALİMATLAR:
1. Pişmiş suşi pirincini bir kaseye yayın.
2. Üzerine doğranmış baharatlı ton balığı, buharda pişirilmiş edamame fasulyesi ve dilimlenmiş turpları yerleştirin.
3. Kasenin üzerinde Sriracha mayonezini gezdirin.
4. Avokado dilimleri ile süsleyin ve susam serpin.
5. Yeniden yapılandırılmış baharatlı ton balıklı suşi kasesinin tadını çıkarın!

89. Yapısız Dragon Roll Suşi Kasesi

İÇİNDEKİLER:

- 1 bardak suşi pirinci, pişmiş
- 1/2 bardak yılan balığı, ızgaralanmış ve dilimlenmiş
- 1/4 bardak avokado, dilimlenmiş
- 1/4 bardak salatalık, jülyen doğranmış
- Üzerine serpmek için yılan balığı sosu
- Üzeri için Tobiko (balık yumurtası)
- Servis için turşu zencefil

TALİMATLAR:

1. Pişmiş suşi pirincini bir kaseye yayın.
2. Üzerine ızgara yılan balığı dilimleri, avokado ve jülyen doğranmış salatalığı yerleştirin.
3. Kasenin üzerine yılan balığı sosunu gezdirin.
4. Tobiko ile doldurun.
5. Yanında turşu zencefil ile servis yapın.
6. Yeniden yapılandırılmış Dragon roll suşi kasesinin tadını çıkarın!

90.Yapısız Baharatlı Somon Suşi Kasesi

İÇİNDEKİLER:

- 1 bardak suşi pirinci, pişmiş
- 1/2 bardak baharatlı somon, doğranmış
- 1/4 bardak mango, doğranmış
- 1/4 bardak salatalık, doğranmış
- Üzerine serpmek için baharatlı mayonez
- Garnitür için yeşil soğan
- Üzeri için susam tohumları

TALİMATLAR:

1. Pişmiş suşi pirincini bir kaseye yayın.
2. Üzerine doğranmış baharatlı somonu, doğranmış mangoyu ve doğranmış salatalığı yerleştirin.
3. Kasenin üzerine baharatlı mayonezi gezdirin.
4. Doğranmış yeşil soğanlarla süsleyin ve susam serpin.
5. Yapısız baharatlı somon suşi kasesinin tadını çıkarın!

91.Yapısız Gökkuşağı Rulo Suşi Kasesi

İÇİNDEKİLER:

- 1 bardak suşi pirinci, pişmiş
- 1/2 bardak yengeç veya taklit yengeç, kıyılmış
- 1/4 bardak avokado, dilimlenmiş
- 1/4 bardak salatalık, jülyen doğranmış
- 1/4 su bardağı havuç, jülyen doğranmış
- 1/4 bardak mango, dilimlenmiş
- Üzeri için Nori şeritleri
- Servis için soya sosu ve zencefil turşusu

TALİMATLAR:

1. Pişmiş suşi pirincini bir kaseye yayın.
2. Üzerine rendelenmiş yengeç, avokado dilimleri, jülyen doğranmış salatalık, havuç ve mangoyu yerleştirin.
3. Nori şeritleri ile üst.
4. Yanında soya sosu ve zencefil turşusu ile servis yapın.
5. Renkli ve yeniden yapılandırılmış Rainbow Roll suşi kasesinin tadını çıkarın!

92.Yapısız Karides Tempura Suşi Kasesi

İÇİNDEKİLER:

- 1 bardak suşi pirinci, pişmiş
- 1/2 bardak karides tempura, dilimlenmiş
- 1/4 bardak avokado, dilimlenmiş
- 1/4 bardak salatalık, jülyen doğranmış
- 1/4 bardak turp, ince dilimlenmiş
- Çiseleme için Tempura daldırma sosu
- Garnitür için susam tohumları

TALİMATLAR:
1. Pişmiş suşi pirincini bir kaseye yayın.
2. Üzerine dilimlenmiş karides tempura, avokado, jülyen doğranmış salatalık ve dilimlenmiş turpları yerleştirin.
3. Tempura daldırma sosunu kasenin üzerine gezdirin.
4. Süslemek için susam serpin.
5. Yapısız karides tempura suşi kasesinin tadını çıkarın!

93.Baharatlı Ton Balığı ve Turp Suşi Kasesi

İÇİNDEKİLER:

- 1 lb suşi sınıfı ton balığı, doğranmış
- 2 yemek kaşığı gochujang (Kore kırmızı biber salçası)
- 1 yemek kaşığı soya sosu
- 1 yemek kaşığı susam yağı
- 1 çay kaşığı pirinç sirkesi
- 1 bardak daikon turpu, jülyen doğranmış
- 1 su bardağı dilimlenmiş bezelye
- 2 bardak Geleneksel Suşi pirinci, pişmiş
- Garnitür için yeşil soğan

TALİMATLAR:

1. Baharatlı sos yapmak için gochujang, soya sosu, susam yağı ve pirinç sirkesini karıştırın.
2. Doğranmış ton balığını baharatlı sosa atın ve 30 dakika buzdolabında bekletin.
3. Taban olarak Geleneksel Suşi pirincini içeren kaseleri birleştirin.
4. Üstüne marine edilmiş ton balığı, jülyen doğranmış daikon turpu ve dilimlenmiş bezelye ekleyin.
5. Doğranmış yeşil soğanlarla süsleyip servis yapın.

94.Somon Füme ve Kuşkonmaz Suşi Kasesi

İÇİNDEKİLER:

- 1 lb füme somon, kuşbaşı
- 1/4 bardak soya sosu
- 2 yemek kaşığı mirin
- 1 yemek kaşığı zencefil turşusu, kıyılmış
- 1 demet kuşkonmaz, beyazlatılmış ve dilimlenmiş
- 1 su bardağı kiraz domates, ikiye bölünmüş
- 2 bardak Geleneksel Suşi pirinci, pişmiş
- Garnitür için limon dilimleri

TALİMATLAR:

1. Marine için soya sosu, mirin ve kıyılmış turşu zencefilini birlikte çırpın.
2. Füme somonu marinenin içine atın ve 15-20 dakika buzdolabında bekletin.
3. Taban olarak pişmiş Geleneksel Suşi pirinci içeren kaseler oluşturun.
4. Üstüne marine edilmiş füme somon, dilimlenmiş kuşkonmaz ve kiraz domates ekleyin.
5. Limon dilimleriyle süsleyip servis yapın.

95.Yapısız Philly Roll Suşi Kasesi

İÇİNDEKİLER:

- 1 bardak suşi pirinci, pişmiş
- 1/2 bardak füme somon, dilimlenmiş
- 1/4 bardak krem peynir, yumuşatılmış
- 1/4 bardak salatalık, jülyen doğranmış
- 1/4 bardak kırmızı soğan, ince dilimlenmiş
- Tepesi için her şey simit baharatı
- Garnitür için kapari

TALİMATLAR:

1. Pişmiş suşi pirincini bir kaseye yayın.
2. Üzerine dilimlenmiş füme somon, yumuşatılmış krem peynir, jülyen doğranmış salatalık ve ince dilimlenmiş kırmızı soğanı dizin.
3. Tepesi için her şeyi simit baharatını serpin.
4. Kapari ile süsleyin.
5. Yeniden yapılandırılmış Philly Roll suşi kasesinin tadını çıkarın!

96.Yapısız Dinamit Rulo Suşi Kasesi

İÇİNDEKİLER:

- 1 bardak suşi pirinci, pişmiş
- 1/2 su bardağı karides, tempura ile kızartılmış veya pişirilmiş
- 1/4 bardak baharatlı mayonez
- 1/4 bardak avokado, doğranmış
- 1/4 bardak salatalık, doğranmış
- Üzeri için Tobiko (balık yumurtası)
- Garnitür için yeşil soğan

TALİMATLAR:

1. Pişmiş suşi pirincini bir kaseye yayın.
2. Tempura ile kızartılmış veya pişmiş karidesleri üstüne yerleştirin.
3. Kasenin üzerine baharatlı mayonezi gezdirin.
4. Doğranmış avokado ve salatalık ekleyin.
5. Tobiko ile doldurun.
6. Doğranmış yeşil soğanlarla süsleyin.
7. Yeniden yapılandırılmış Dynamite Roll suşi kasesinin tadını çıkarın!

97.Yapısız Sebzeli Rulo Suşi Kasesi

İÇİNDEKİLER:

- 1 bardak suşi pirinci, pişmiş
- 1/2 bardak tofu, küp şeklinde kesilmiş ve tavada kızartılmış
- 1/4 bardak avokado, dilimlenmiş
- 1/4 bardak salatalık, jülyen doğranmış
- 1/4 su bardağı havuç, jülyen doğranmış
- 1/4 bardak kırmızı dolmalık biber, ince dilimlenmiş
- Soya sosu ve susam yağı sosu
- Garnitür için susam tohumları

TALİMATLAR:

a) Pişmiş suşi pirincini bir kaseye yayın.
b) Tavada kızartılmış tofu, avokado dilimleri, jülyen doğranmış salatalık, havuç ve dilimlenmiş kırmızı dolmalık biberi üstüne yerleştirin.
c) Pansuman için soya sosu ve susam yağı karışımını gezdirin.
ç) Süslemek için susam serpin.
d) Canlandırıcı ve bitki bazlı bir seçenek olan yeniden yapılandırılmış Veggie Roll suşi kasesinin tadını çıkarın!

98.Füme Uskumru Chirashi

İÇİNDEKİLER:

- ½ salatalık
- ¼ çay kaşığı ince tuz
- 200 g (7 oz) füme uskumru filetosu, b1'siz, derisiz
- 40 gr (1½ oz) zencefil turşusu, ince doğranmış
- 1 taze soğan (yeşil soğan), ince dilimlenmiş
- 2 çay kaşığı ince kıyılmış dereotu
- 2 yemek kaşığı kızarmış beyaz susam
- 800 gr (5 su bardağı) seas1d suşi pirinci
- 1 yaprak nori, parçalara ayrılmış
- servis etmek için koyu soya sosu

TALİMATLAR:

a) Salatalığı olabildiğince ince dilimleyin ve üzerine tuz serpin. Salatalığı hafifçe ovalayın ve 10 dakika bekletin. Bu, salatalığın çıtır kalmasını sağlamak için fazla suyun uzaklaştırılmasına yardımcı olacaktır.

b) Salatalığın fazla suyunu elinizle sıkın.

c) Füme uskumruyu küçük parçalara ayırın.

ç) Pirince salatalık, füme uskumru, zencefil turşusu, taze soğan (soğan), dereotu ve beyaz susam ekleyin. Malzemelerin eşit şekilde yayılması için iyice birleştirin.

d) Paylaşmak için ayrı kaselere veya 1 büyük kaseye servis yapın. Nori serpin ve tatmak için koyu soya sosunun üzerine gezdirin.

99.Oyakodo (Somon ve Somon Karaca)

İÇİNDEKİLER:
- 400 gr (2½ bardak) seas1d suşi pirinci

TOPLAMLAR
- 400 gr (14 oz) sashimi kalitesinde somon
- 200 gr (7 oz) marine edilmiş somon yumurtası
- 4 bebek shiso yaprağı
- limon veya limon dilimleri

HİZMET ETMEK
- zencefil turşusu
- wasabi ezmesi
- soya sosu
- Nori şeritleri (isteğe bağlı)

TALİMATLAR:

a) Somonu ince dilimler halinde dilimleyin. Balığın yumuşak olduğundan emin olmak için tahıl boyunca dilimlediğinizden emin olun.

b) Suşi pirincini 4 ayrı kaseye yerleştirin ve pirincin yüzeyini düzleştirin. Üstüne sashimi somonu ve somon balığı yumurtası ekleyin. Bebek shiso yaprakları ve limon veya limon dilimleri ile süsleyin.

c) Damak temizleyici olarak zencefil turşusu ve tadına göre wasabi ve soya sosuyla servis yapın. İsterseniz daha fazla lezzet için üzerine nori şeritleri serpin.

100.Baharatlı Istakoz Suşi Kasesi

İÇİNDEKİLER:

- 1½ bardak (300 g) hazırlanmış Geleneksel Suşi pirinci
- 1 çay kaşığı ince rendelenmiş taze zencefil kökü
- 1 8 oz (250 g) buharda pişirilmiş ıstakoz kuyruğu, kabuğu çıkarılmış ve madalyonlar halinde dilimlenmiş
- 1 kivi, soyulmuş ve ince dilimler halinde kesilmiş
- 2 çay kaşığı kıyılmış yeşil soğan (yeşil soğan), yalnızca yeşil kısımları
- Bir avuç spiral kesim daikon turpu
- 2 taze kişniş dalı (kişniş şeritleri)
- 2 yemek kaşığı Dragon Suyu veya tadı daha fazla

TALİMATLAR:

a) Suşi pirincini ve Ejderha Suyunu hazırlayın.
b) Suşi pirincini 2 küçük servis kasesine bölmeden önce parmak uçlarınızı ıslatın. Her kasedeki pirincin yüzeyini yavaşça düzleştirin. Her kasedeki pirincin üzerine rendelenmiş taze zencefil kökünden ½ çay kaşığı yaymak için bir kaşık kullanın.
c) Istakoz madalyonlarını ve kivi meyvesini 1/2'ye bölün. 1 kasede ıstakoz dilimlerinin 1 1/2'sini pirinç üzerine 1 1/2 kivi dilimleri ile değiştirin ve açıkta küçük bir alan bırakın. Deseni diğer kasede tekrarlayın. Kıyılmış yeşil soğanlardan 1 çay kaşığını her kasenin ön kısmına yakın bir yere koyun. Spiral kesilmiş daikon turpunu 2 kaseye paylaştırıp boş alanı doldurun.
ç) Servis yapmak için her kasedeki daikon turpunun önüne 1 taze kişniş dalı koyun. Her kasedeki ıstakoz ve kivi meyvelerinin üzerine 1 çorba kaşığı Dragon Suyu dökün.

ÇÖZÜM

"100 Pirinç Kasesinde Dünya Turu" kitabının son sayfalarına ulaştığınızda, sizi çok uzak diyarlara götüren, lezzetler ve geleneklerle dolu bir dünyayla tanıştıran mutfak yolculuğundan keyif aldığınızı umuyoruz. Bangkok'un baharatlı sokaklarından Hindistan'ın aromatik mutfaklarına kadar her pirinç kasesi, dünya mutfağının zengin dokusundan bir tat sunuyor.

Ancak yolculuğumuz burada bitmiyor. Mutfak maceranızdan evinize döndüğünüzde, pirinç kaselerinin çeşitli dünyasını keşfetmeye, yeni malzemeler, tatlar ve teknikler denemeye devam etmenizi öneririz. İster kitaptan en sevdiğiniz yemekleri yeniden yaratıyor olun ister kendi mutfak kreasyonlarınızı icat ediyor olun, yeni gastronomik maceralara atılırken hayal gücünüzün rehberiniz olmasına izin verin.

Dünya çapındaki bu lezzetli yolculukta bize katıldığınız için teşekkür ederiz. Keyif aldığınız yemeklerin anıları damak tadınıza kazınsın ve mutfağı keşfetme ruhu, mutfak çalışmalarınızda size ilham vermeye devam etsin. Tekrar buluşana kadar, mutlu yemek pişirme ve afiyet olsun!

www.ingramcontent.com/pod-product-compliance
Lightning Source LLC
Chambersburg PA
CBHW071906110526
44591CB00011B/1569